스토리텔링
초등한국사 ①
교과서

그림 **경혜원**

명지대학교에서 영어영문학을 공부했습니다. 어린이와 그림을 좋아하는 마음에 어린이책 일러스트레이터가 되었습니다. 일러스트레이터 모임 잔디울과 별마루의 회원입니다.
『어린이 문학박물관』, 『비석이 들려주는 이야기 한국사』 등과 '논술대비 한국명작', '꿈담 인물 그림책', '잘잘잘 옛이야기 마당' 시리즈 등 다수의 그림책과 어린이책에 그림을 그렸습니다. 문학에 대한 꿈도 간직하고 있어, 직접 쓰고 그린 그림책을 준비 중입니다.

스토리텔링 초등 한국사 교과서 ❶

선사 시대부터 후삼국 시대까지

1판 1쇄 발행일 2013년 5월 10일 • 1판 9쇄 발행일 2021년 2월 2일
펴낸이 김태완 • 글 초등역사교사모임 • 그림 경혜원 • 감수 이인석 • 책임편집 진원지
편집주간 이은아 • 편집 김정숙, 조정우 • 디자인 구화정 page9, 안상준 • 마케팅 최창호, 민지원
사진제공 국립경주박물관, 국립부여박물관, 국립중앙박물관, 독립기념관, 육군박물관, 한정영
펴낸곳 (주)도서출판 북멘토 • 출판등록 제6-800호(2006. 6. 13.)
주소 03990 서울시 마포구 월드컵북로 6길 69(연남567-11), IK빌딩 3층
전화 02-332-4885 • 팩스 02-6021-4885 • 이메일 bookmentorbooks@hanmail.net
인스타그램 https://www.instagram.com/bookmentorbooks__
페이스북 https://facebook.com/bookmentorbooks

ⓒ 초등역사교사모임 · 한정영, 2013

ISBN   978-89-6319-080-8 64910
         978-89-6319-079-2 64910 세트

이 도서의 국립중앙도서관 출판예정도서목록(CIP)은 서지정보유통지원시스템 홈페이지(http://seoji.nl.go.kr)와 국가자료공동목록시스템(http://www.nl.go.kr/kolisnet)에서 이용하실 수 있습니다.(CIP제어번호: CIP2013005135)

KC 인증 유형 공급자 적합성 확인 **제조국명** 대한민국 **사용연령** 8세 이상
KC마크는 이 제품이 공통안전기준에 적합하였음을 의미합니다
종이에 베이거나 책 모서리에 다치지 않도록 주의하세요

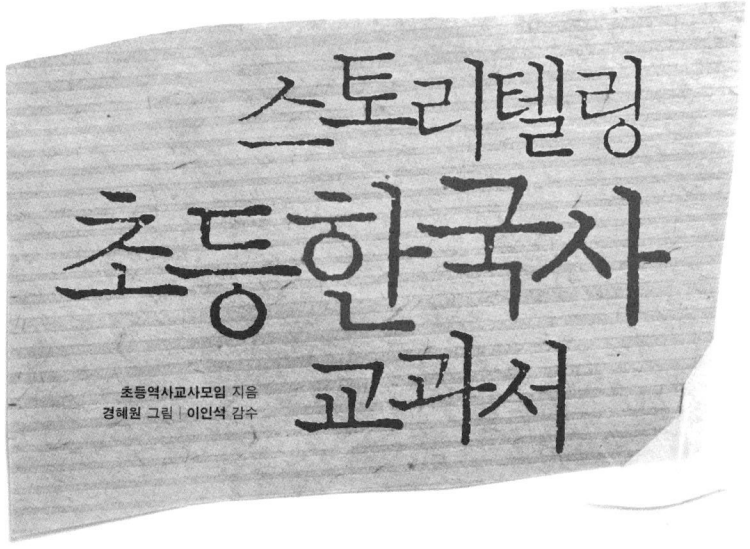

스토리텔링 초등한국사 교과서

초등역사교사모임 지음
경혜원 그림 | 이인석 감수

① 선사 시대부터 후삼국 시대까지

북멘토

머리말

　요즘 들어 스토리텔링이라는 말을 많이 쓰고 있습니다. 수학도 스토리텔링, 과학도 스토리텔링, 그리고 역사도 스토리텔링. 이 말은 '이야기 또는 이야기하기'를 뜻하지요. 다시 한 번 풀어 보자면, 어려운 정보나 지식을 이야기 속에서 자연스럽게 전달해 주는 것을 말해요. 『스토리텔링 초등 한국사 교과서』 역시 '우리나라'를 주인공으로 하는 흥미진진한 스토리텔링입니다.

　주인공인 우리나라는 한반도에서 태어나 때로는 중국 대륙까지 진출하여 기상을 드높이기도 했고, 여럿으로 나뉘었다가도 통일을 이루어 씩씩하게 성장하기도 했어요. 악당과 싸울 때는 죽을 고비도 여러 번 넘겼지만, 기지를 발휘하여 아슬아슬하게 위기를 극복하고 적을 물리쳐 냈어요. 그러는 동안에 전 세계가 깜짝 놀랄 만한 문화유산을 척척 만들어 내기도 했습니다. 그중 어떤 것은 세계 최초인 것도 있고, 세계 최고인 것도 있습니다. 이 모든 것들이 바로 우리나라가 빚어 낸 가슴 두근거리거나, 슬프거나, 뿌듯하거나, 기쁜 이야기랍니다.

　이 책은 이처럼 우리나라를 주인공으로 한 이야기를 담담하게 그리고 흥미진진하게 들려주려고 했습니다. 그래서인지, 이 책을 쓰면서 어쩌면 역사는 공부하는 것이 아니라, 마음에 담는 것인지도 모르겠다는 생각도 들었습니다. 그간 여러 역사책을 써 온 초등역사교사모임 선생님들은 『스토리텔링 초등 한국사 교과서』를 함께 쓰면서 이전에 출간했던 책의 오류를 바로잡기 위해 노력했습니다. 특히 오랫동안 현장에서 학생들을 가르치는 한편 교과서를 집필하신 선생님께 감수를 받아 책의 완성도를 높였습니다. 더하여 전국의 초등학교 선생님들께 미리 보여 드리고 추천을 받았습니다.

옛 이야기인 역사책을 지금 우리가 읽는 것은, 흔히 말하는 대로 역사가 '미래'의 길잡이이기 때문입니다. 그러나 더 중요한 것은, 역사책을 읽으면 그 속에서 '우리 자신'을 발견하고 함께 미래를 만들어 나갈 수 있다는 점이지요. 이 책을 읽으며 너와 내가 만나 함께 만들어 나가는 미래를 꿈꾸어 보면 어떨까요?

초등역사교사모임

차례

차례

8장 남북국 시대

9장 후삼국 시대

1장 | 선사 시대에는 무슨 일이 있었을까

인류의 시작

인류 역사의 첫 번째 시대를 '석기 시대'라고 합니다. 그 이유는, 우리 주변에서 흔히 볼 수 있는 돌을 주요 도구로 사용했기 때문이지요. 이러한 석기 시대는 우리 인류 역사의 기간을 통틀어 99% 이상을 차지하는 매우 긴 시간이었어요.

흔히 석기 시대는 도구를 만드는 방법에 따라 구석기 시대와 신석기 시대로 나뉩니다.

구석기 시대에는 돌을 깨뜨리거나 조각을 떼어 내 도구로 사용했습니다. 이것을 뗀석기라고 해요. 뗀석기의 날카로운 면은

▲ 뗀석기(주먹도끼)

열매를 따거나 사냥을 할 때 도움을 주었지요. 맨손으로 풀을 베거나 짐승을 잡을 때보다 한결 수월했습니다. 도구를 사용함으로써 인간은 동물과 확연히 구분되는 생활을 할 수 있었고, 인류 역사의 진보를 가져오게 되었지요.

한반도의 구석기 시대는 약 70만 년 전부터 시작되었습니다. 그런데 이때는 빙하기가 여러 차례 반복되어 바다 깊이가 낮은 황해는 육지가 되었고, 바다 깊이가 깊은 동해는 호수가 되기도 했어요. 그래서 마음만 먹는다면 일본까지 걸어서 오갈 수가 있었답니다.

구석기 시대 사람들의 안식처, 동굴

구석기 시대 사람들은 맨손이거나, 간단한 도구 외에는 사용할 줄 몰랐기 때문에 오늘날의 인류보다 연약한 존재였습니다. 그들에게는 날카로운 발톱이나 강한 이빨이 없었습니다. 맹수처럼 빠르지도 않았어요. 하지만 손을 자유롭게 쓸 수 있어서 나무 열매를 따 먹고 뿌리를 캐 먹는 등 동물들보다 유리한 점도 많았어요. 물고기와 작은 짐승 들을 잡아먹기도 했지만, 섣불리 사냥을 나섰다가 맹수에게 공격을 당해 부상을 입거나 목숨을 잃는 경우도 많았습니다. 때문에 구석기 시대 사람들은 지혜를 모았습니다. 여럿이 무리를 지어 생활하며 먹을 것을 서로 나누었고, 함께 위험에 대비했어요.

구석기 시대 사람들은 한곳에서 먹을거리를 해결할 수 없었으므로, 먹을 것을 찾아 부단히 돌아다녀야 했어요. 따라서 힘을 들여 집을 지을 필요가 없었습니다. 그보다는 자연스럽게 생겨난 동굴이나 바위 밑에서 사는 게 더 이로웠어요.

동굴 속에 머물면 비바람과 추위, 짐승들의 공격으로부터 피할 수 있었습니다. 나약한 인간에게 동굴은 아주 훌륭한 피난처이면서 안식처였습니다.

구석기 시대 후기에는 사냥을 나가지 않을 때 동굴의 벽에 들소나 사슴 같은 짐승의 그림을 그리기도 했지요. 간혹 동물의 뼈에 그림이나 문양을 새겨 넣기도 했습니다. 하지만 날씨가 따뜻

해지면서 식물의 덩굴과 나무줄기를 엮어 막집을 짓기도 했습니다.

불의 발견

애초에 사람들은 불을 아주 무서워했습니다. 화산이 폭발할 때, 혹은 벼락이 떨어져 숲에 불이 났을 때, 활활 타오르는 불길을 보며 사람들은 두려움에 떨었죠.

그러다가 우연히 불에 타 죽은 짐승의 고기를 먹어 본 뒤, 사람들은 불에 닿은 것이 날것보다 한층 부드럽고 맛도 낫다는 것

을 알게 되었어요. 뿐만 아니라 불씨 옆에 있으니 몸이 따뜻해
진다는 사실도 깨달았죠. 그래서 불씨를 동굴로 가져왔습니다.

불을 사용함으로써 구석기 시대 사람들의 생활은 크게 달라
졌습니다. 무엇보다 추위를 견뎌 낼 수가 있었어요. 게다가 사나
운 맹수도 물리칠 수가 있었습니다. 그 덕분에 인간의 수명은
자연히 연장되었습니다.

뿐만 아니라 음식을 익혀 먹음으로써 다양한 맛을 즐길 수 있
게 됨과 동시에 병균으로부터 몸을 지킬 수가 있게 되었습니다.

불로 익힌 고기는 소화에도 도움이 되
었고, 그 덕분에 건강상태가 좋
아졌습니다. 이것은 인간들의
두뇌 발달에도 영향을 미쳤
습니다. 불을 마음대로 사용
할 줄 알게 된 것입니다.

불은 또한 어둠을 밝힘으로써 일
할 시간을 연장시켜 주었어요. 해만 지면 아무
것도 할 수 없었던 인간들은 불을 피움으로써 밤에도 간단한 일
을 할 수 있게 되었습니다.

이처럼 불은 인간의 생활 양식을 크게 바꾸어 놓았습니다.

▲ 불을 사용하는 구석기 시대의 사람들(모형)

신석기 시대의 도구와 의식주

▲ 간석기

약 1만 년 전, 비로소 마지막 빙하기가 끝났습니다. 날씨가 따뜻해진 덕분에 얼음이 녹고 마침내 해수면이 높아져 한반도는 3면이 바다로 둘러싸였고, 일본은 섬으로 고립되었습니다.

이 무렵, 한반도에는 신석기 시대가 시작되었어요.기원전 8000년경 전 사람들은 구석기 시대 때와는 달리 보다 정교한 도구를 만들어 쓰기를 원했습니다. 그래서 단순히 깨뜨려 도구를 만들지 않고, 깨진 돌을 갈아서 이전보다 훨씬 정교한 도구를 만들었어요. 이를 간석기라고 하지요.

신석기 시대 사람들은 특히 조개류를 좋아했습니다. 왜냐하면 조개류를 채취할 때는 동물을 사냥할 때처럼 위험하지도 않았고, 필요한 만큼 바다에서 얼마든지 손쉽게 얻을 수 있었기 때문이에요. 그들은 여러 가지 종류의 조개와 굴을 매일 섭취하면서 칼슘을 보충하고 더욱 튼튼해졌어요. 그런 까닭에 한반도 해안 지방 여러 곳부산 동삼동, 경남 통영 등에는 이들이 먹고 버린 조개껍데기가 지금도 무덤처럼 수북이 쌓여 있답니다. 이런 조개더미를 패총이라고 해요.

신석기 시대 사람들은 물론 고기잡이도 빼놓지 않았습니다. 그들은 구석기 시대 사람들보다 한층 더 지혜로웠어요. 맨손이나 혹은 뗀석기만으로는 고기잡이가 쉽지 않았으므로, 보다 정

▲ 반구대 암각화

반구대 암각화가 뭐예요?
울산시(울주군 언양읍)의 태화강 상류에 있는 선사 시대 암각화예요. 병풍처럼 너른 바위 위에 여러 마리의 고래를 비롯해서 사슴과 멧돼지, 여우와 물고기는 물론, 고래를 잡는 사람과 사냥하는 사람의 모습도 그려져 있습니다. 사냥이 잘되길 바라는 마음을 표현한 것이라고 해요.

교하고 다양한 도구를 만들기 시작한 거예요. 창은 더 날카롭게, 짐승의 뼈는 더 뾰족하게 갈아 각각 낚시 도구와 낚싯바늘로 사용했습니다.

하지만 신석기 시대 사람들은 한두 마리씩 잡는 것에는 성이 차지 않았습니다. 그들은 마침내 그물추를 매단 그물을 만들어 여러 마리 물고기를 한꺼번에 잡기 시작했지요. 그리고 이런 방법에 익숙해지자 조금 더 먼 바다에 나가 물고기를 잡기도 했고, 강에서도 여러 가지 방법으로 물고기를 잡았지요.

또한 신석기 시대 사람들은 더 이상 동굴에 살지 않았습니다.

그들의 식량 창고인 바닷가 혹은 강가에 움집을 짓고 무리 지어 살았습니다. 보통 10~15가구 안팎이 모여 살았는데, 하나의 움집에 4~5명이 살았죠. 이들이 살던 움집은 그 안쪽을 바깥쪽보다 50~100cm쯤 더 깊이 파고 가장자리를 돌려 가며 기둥을 세운 다음 억새나 갈대로 지붕을 씌워 만들었어요. 포클레인같이 크고 단단한 장비도 없이 돌도끼 같은 도구를 써서 이리도 깊이 땅을 파는 건 쉽지 않았겠지요. 그래도 이제는 좀 더 오래 한곳에 머물러 살 필요가 생겼으니 이런 수고도 마다하지 않았을 거예요. 그리고 움집의 한가운데는 화덕을 만들어 불을 피우거나 요리를 했지요. 햇볕이 잘 드는 남쪽에 문을 만들었고, 한구석에는 식량을 저장하기 위한 구덩이를 만들어 놓았습니다.

▲ 움집

농사도 짓고 가축도 기르고

한곳에 머무는 시간이 길어지면서 신석기 시대 사람들은 아주 놀라운 사실을 발견했어요.

"어라! 작년에 열렸던 열매가 올해에도 같은 곳에 또 열렸네!"

씨앗을 받아 두었다가 뿌리면 이듬해에 같은 열매를 얻을 수 있다는 사실도 알아 냈지요. 그래서 신석기 시대 사람들은 어떤

것을 재배하면 좋을지 찾아 나섰습니다. 조와 수수, 기장이 눈에
띄었습니다. 그들은 부드러운 땅을 갈아 씨를 뿌렸어요. 농사가
시작된 것입니다. 다만 벼는 아직 전래되지 않아 벼농사를 짓지
는 못했습니다. 벼농사가 시작된 것은 이보다 훨씬 나중인 청동
기 시대였답니다.

　이로써 신석기 시대 사람들은 열매를 얻기 위해 더 이상 돌아
다니지 않아도 되었습니다. 정착 생활을 하기 시작한 것이에요.

이것은 참으로 큰 변화였습니다. 생존에 필요한 것을 스스로 생산해 낼 수 있게 되었다는 뜻이니까요. 이런 변화를 일컬어 '신석기 혁명'이라고 불렀습니다.

한곳에 살기 시작한 신석기 시대 사람들은 짐승도 길렀습니다. 처음에는 개가 특히 사람을 잘 따랐어요. 그 이후에는 돼지, 소, 양, 염소, 말도 잡아 가두고 가축으로 키웠고요. 그럼으로써 신석기 시대 사람들은 예전보다 사냥을 덜하게 되었습니다. 가

축들로부터 고기와 젖과 털을 얻을 수 있었기 때문이지요.

이러한 정착 생활 덕분에 신석기 시대 사람들은 같은 핏줄을 나눈 사람들끼리 자연스럽게 한곳에 모여 살게 되었습니다. 이런 사회를 씨족 사회라고 불렀지요.

토기와 원시 종교

신석기 시대 사람들은 부드러운 흙으로 토기를 빚었습니다.

▲ 빗살무늬 토기

불에 구워 만들어야 하는 토기는 아직 기술이 발달하지 않아 그리 단단하지는 못했습니다. 그럼에도 불구하고 토기를 사용하면서부터 사람들은 보다 오랫동안 음식을 보관할 수 있게 되었고, 다양한 조리도 가능해졌어요. 이를테면 음식을 삶거나 끓일 수 있게 되었던 것이지요.

신석기 시대 사람들이 가장 널리 사용한 토기는 빗살무늬 토기였어요. 이 토기의 특징은 겉면에 머리를 빗는 빗의 촘촘한 빗살을 닮은 무늬가 새겨져 있다는 점이지요. 밑바닥은 뾰족한 것도, 평평한 것도 있답니다. 이 토기는 주로 해안가나 강가, 섬에서 출토되어 왔습니다. 이처럼 빗살무늬 토기의 발굴 지역을 살펴보면, 이 토기를 사용하던 신석기 시대 사람들이 주로 거주하던 지역이 물이 있는 곳이라

▲ 덧무늬 토기

는 점까지 한눈에 알 수 있어요.

　모든 신석기 시대 사람들이 빗살무늬 토기만 사용한 것은 아니었어요. 이 외에도 그릇 겉면에 흙으로 빚은 띠를 덧대어 장식한 듯한 덧무늬 토기, 아무런 무늬가 없는 민무늬 토기, 이름 그대로 눌러 찍은 듯한 무늬의 압인문 토기 눌러찍기무늬 토기 등도 사용되었지요.

　한편, 신석기 시대 사람들은 자연의 변화에 아주 민감했습니다. 살아가는 데 필요한 모든 것을 자연으로부터 얻고 있었기 때문에 더욱 그러했어요. 그런 까닭에 자연에 대해 경외심을 품고 섬기는 태도를 갖게 되었지요. 땅에도, 하늘에도, 나무 한 그루, 바위 한 덩이에도, 또 동물에도 신이 깃들어 있다고 믿어서 기도를 드렸지요. 그중에서도 태양과 물을 가장 강력하고도 위대한 신으로 섬겼습니다. 농사를 짓는 데 가장 중요한 두 가지 요소가 바로 햇빛과 비였으니까요.

　뿐만 아니라 죽음 이후의 세계에 대해서도 생각했습니다. 죽음이 끝이 아니라고 생각했던 신석기 시대 사람들은, 조상들의 영혼을 향해 기도를 드리고 제사를 올리기 시작했습니다.

지구상의 모든 생명체를 얼어붙게 만들었던 빙하기가 끝나갈 무렵이었습니다. 머나먼 아프리카 동쪽 끝에, 훗날 '남쪽의 원숭이'(오스트랄로피테쿠스)라 불린 첫 인류의 무리가 바뀐 환경에 적응하며 살기 위해 네 발이 아닌 두 발로 걷기 시작했습니다. 곧추서서 걷는 것이 멀리 보기에도 유리하고, 앞발(손)을 사용할 수 있어서 기는 것보다 편리했기 때문입니다.

하지만 그뿐이었습니다. 고작 1m 안팎의 키에 침팬지와 흡사하게 닮은 이들은 후손들을 널리 퍼트리지는 못했습니다. 기원전 300만 년 전의 일이었습니다.

더 허리가 꼿꼿해진 무리들이 나타난 것은 기원전 50~60만 년 전이었습니다. 이들은 '남쪽의 원숭이' 무리보다 훨씬 지혜로워 불을 사용할 줄 알았습니다. 뇌가 발달해 보다 많은 생각도 할 수 있게 되었지요.

'더 멀리, 더 따뜻한 곳으로 나가 보자. 먹을 것이 더 풍부한 곳이 있을 거야!'

스칸디나비아
시베리아 평원
우랄산맥
바이칼 호수
유럽
만주
한국
북부아프리카
인도차이나
중남부아프리카
호주

곧 이들은 여행을 시작했습니다. 어떤 무리들은 북쪽으로 걷고 또 걸었고, 어떤 무리
들은 동쪽으로 자꾸만 걸었습니다.

동쪽으로 걷던 무리들은 곧 사막(중동 지역)을 만나기도 하고 너른 초원(중앙아시아)을 만나
기도 했습니다. 그즈음에서 일부는 더 동쪽으로 나아가 높은 고원 지대(몽골)에 이르렀습니다.
또 일부는 남쪽(중국과 동남아시아)으로 다시 방향을 틀었습니다.

두 갈래로 나뉘어 동으로, 동으로 향해 간
각각의 무리는 아시아 대륙의 동북쪽 끝
자락에서 발걸음을 멈추었습니다.

"이곳이야! 우리 이곳에서 살아 보자.
나무들도 빼곡하고, 열매도 풍부해."

이들이 자리 잡은 곳은 한반도였습니
다. 한 갈래는 북으로부터 와서 북방
계, 한 갈래는 남으로부터 와서 남방계
라 불리는 이들은 이렇게 처음 한반도에
발을 들여놓게 되었습니다.

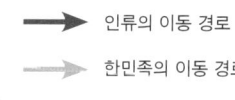

⟶ 인류의 이동 경로
⟶ 한민족의 이동 경로

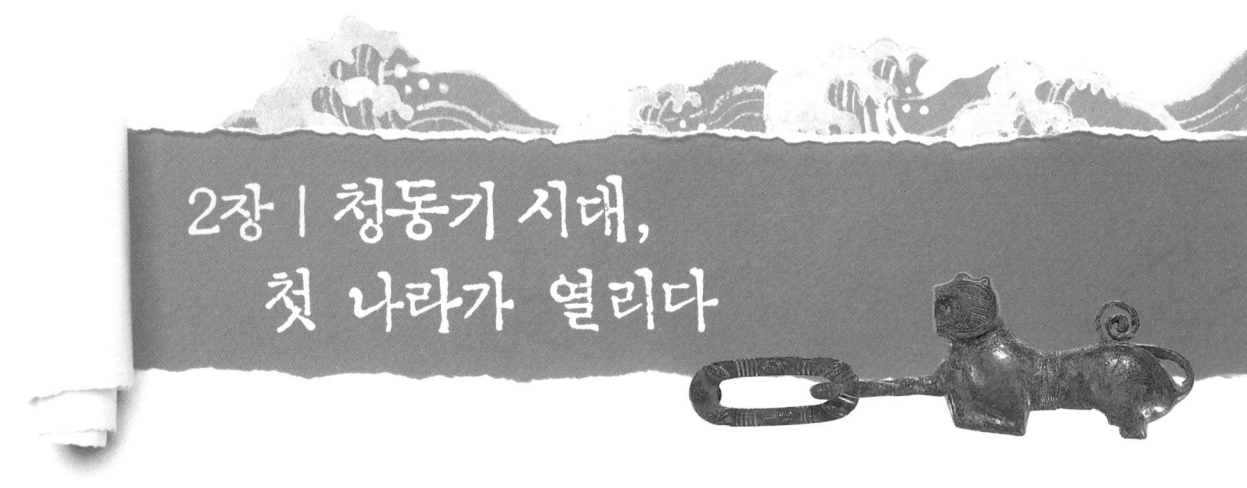

2장 | 청동기 시대, 첫 나라가 열리다

청동기의 등장과 다양한 농기구

사람들은 불을 사용하다가 우연히 구리를 발견하게 되었어요. 그래서 구리로 화살촉과 도끼를 만들어 보았답니다. 하지만 구리는 너무 물러서 도구로 쓰기에 적절하지 않았지요. 그래서 주석 혹은 아연을 섞어 보았더니 아주 단단한 금속이 만들어졌습니다. 이것이 바로 청동이었어요. 그리고 이처럼 청동으로 만든 도구를 사용한 시대를 청동기 시대라고 불렀습니다. 우리나라는 기원전 2000년경 ~ 기원전 1500년경에 청동기 시대가 시작되었고, 만주 지역에서는 이보다 조금 이른 때에 청동기 문화가 열렸답니다.

청동기 시대에 이르자 농사 기술이 더욱 발달했어요. 그런 덕분에 부족 사람들이 먹고도 남을 만큼의 식량이 생겼어요. 그러자 그것을 서로

▲ 청동기 시대 사람들의 생활 모습(모형)

차지하려는 다툼이 생겼고, 힘 있는 자가 더 많은 곡식을 갖게 되었습니다.

이런 과정이 반복되면서 곡식을 더 많이 가진 사람과 덜 가진 사람이 생겨나게 되었지요. 가난한 사람과 부자가 생겨난 거예요. 그것은 계급 차이를 가져왔지요. 그럼으로써 신석기 시대처럼 평등했던 관계는 깨졌습니다. 공동의 재산뿐 아니라 개인의 재산도 인정을 하는 사유재산 제도의 싹이 튼 것도 이때랍니다.

청동기 시대라 할지라도 청동기가 그리 흔한 것은 아니었습니다. 뿐만 아니라 농사 도구로 쓰기에는 그리 적당하지 않았어요. 깨지기 쉬웠기 때문이지요. 그 때문에 농사를 지을 때는 여전히 간석기와 단단한 나무가 농사 도구로 많이 사용되었답니다. 물론 신석기 시대에 비하여 같은 석기라도 훨씬 정교

▲ 마제석검. 청동기 시대에 들어서면서 돌을 갈아 만든 칼은 점점 더 정교해졌어요.

▲ 반달돌칼

농경무늬청동기가 뭐예요?
대전 괴정동에서 출토된 농
경무늬청동기에는 항아리
에 무언가를 담고 있는 사
람의 모습과 발가벗은 채 따
비(쟁기)로 밭을 갈고 있는
농부의 모습이 보여요. 왜
발가벗었냐고요? 추위를 이
기는 씩씩한 모습을 보여
주기 위해서라는군요.

해지고 다양해졌습니다.

청동기 시대를 대표할 만한 도구 중 하나는 반달돌칼입니다.
이름처럼 반달 모양의 돌에 구멍이 뚫려 있는 것인데, 이 구멍에
끈을 매어 손으로 잡고 이삭을 따거나 풀의 줄기를 자를 때 썼
답니다.

돌보습은 땅을 깊이 파는 데 사용되었고, 곡식을 갈아야 할 때
는 갈돌을 썼지만, 한 번에 많은 양의 곡식을 잘게 부술 때는 절
구가 사용되었답니다.

힘과 재산을 가진 지배자의 등장

청동기 시대에는 힘과 재산을 가진 사람이 부족의 지배자^{군장}
_{또는 족장}가 되었습니다. 이들은 마을의 크고 작은 문제를 해결하
였고, 사람들은 그의 결정을 따랐어요. 이따금 족장들은 부족을
이끌고 나가 다른 부족을 정복하고 식량을 빼앗아 오기도 했죠.

시간이 지날수록 이런 다툼은 더욱 치열해졌고, 그럴수록 더 강력한 무기가 필요해졌습니다. 마침내 이들은 청동으로 검을 만들어 싸움에 나섰어요. 청동검은 돌로 만든 무기보다 강력해서 이 검을 지닌 부족은 그것을 갖지 못한 부족에 비해 강한 힘을 자랑했습니다.

하지만 아무나 청동으로 된 무기를 가질 수 있는 것은 아니었어요. 청동은 워낙 귀했을 뿐만 아니라 그것을 다루는 데는 기술이 필요했습니다. 그 때문에 힘 있는 족장만이 청동기를 가질 수가 있었지요.

▲ 옥으로 만든 장식품들

족장은 부족 사람들과 다른 옷차림을 했고, 여러 가지 장신구를 몸에 지녔습니다. 이를테면 옥으로 만든 귀걸이와 목걸이를 했고, 신발에도 청동으로 만든 단추를 달아 치장했죠.

그런데 이때, 족장은 단순한 지배자가 아니었습니다. 그들은 부족의 제사를 올리는 제사장이기도 했습니다.

"오오! 하늘이시여. 부디 재난을 거두어 가시고 우리 부족이 평안케 해 주십시오."

족장은 청동거울을 목에 걸고 청동방울을 흔들며 간곡한 뜻을 하늘에 전했어요. 사람들은 이런 모습을 보고 족장이 하늘의 뜻을 전하는 사

람이라고 생각하고 더욱 경외심을 가졌지요. 그럴수록 지배자의
힘은 더 커졌답니다.

　이처럼 지배자 한 사람이 제사와 정치를 모두 주관한 사회를
'제정 일치 사회'라 불렀습니다.

위대한 지배자의 무덤, 고인돌
　시간이 지날수록 더 큰 힘을 갖게 된 지배자의 권위는 그가

▲ 고인돌을 만드는 모습(모형, 강화역사박물관)

▲ 탁자식 고인돌

▲ 바둑판식 고인돌

탁자식 고인돌(위)은 땅 위에 판석 4~5개를 고임돌로 세우고, 그 위에 덮개돌을 얹은 모양이 탁자를 닮았어요. 바둑판식 고인돌(아래)은 땅을 파서 안쪽에 고임돌을 세워 무덤방을 만든 후 그 위에 덮개돌을 얹었습니다.

죽은 뒤에도 계속 이어졌어요. 그들은 자신의 권력을 과시하기 위해서 규모가 큰 무덤을 만들었습니다. 바로 고인돌이었지요.

고인돌을 만들 때는 수백 명의 사람이 필요했습니다. 수천 혹은 수만 킬로그램의 돌을 옮겨야 했으니까요.

무덤이 완성되면, 그 속에 청동검을 비롯해 장신구까지 함께 넣었습니다. 왜냐하면 청동기 시대 사람들은, 죽어서도 살았을 때와 똑같은 생활을 한다고 믿었기 때문이지요.

훗날 고인돌은 부족의 행사를 열 때, 또는 제사를 올릴 때 성스러운 장소로도 이용이 되었습니다. 물론 보통의 부족 사람들은 고인돌을 만들 수 없었습니다. 그들은 죽은 뒤에 구덩이를 파고 시신만 묻었지요. 고인돌은 신분이 높은 자만 만들 수 있는 것이었습니다.

우리 겨레가 만든 최초의 국가, 고조선

단군 신화 ✺ 청동기 문화가 널리 퍼지면서 한반도 서북쪽과 요동반도 부근에도 많은 부족들이 나타나 흩어져 살고 있었습니다. 이들은 서로 다투면서 때로는 전쟁을 벌였는데, 그중 강한 부족이 여러 부족들을 차례로 통합하여 세력을 키워 나갔습니다. 그리하여 마침내 이 지역에 우리 민족 최초의 나라가 생겨났습니다. 바로 고조선이었지요. 기원전 2333년의 일이었어요. 고조선은 우리 겨레가 세운 최초의 나라였답니다. 『삼국유사』에 따르면 고조선은 단군왕검이 세웠습니다.

　아주 오랜 옛날, 하늘을 다스리는 환인에게 환웅이라는 아들
이 있었습니다. 환웅은 인간 세상을 다스리고 싶어 했어요. 이런
뜻을 알아차린 환인은 환웅에게 천부인 3개를 주고 인간 세상으

로 내려가도록 했습니다.

환웅은 마침내 3000명의 무리를 이끌고 태백산 꼭대기의 신단수 아래로 내려왔습니다. 환웅은 그곳을 신시라고 불렀습니다. 그는 바람을 다스리는 풍백, 비를 다스리는 우사, 구름을 다스리는 운사를 거느리고 생명을 비롯하여 곡식과 형벌, 선악 등 360가지의 일을 다스렸습니다.

그러던 어느 날 곰 한 마리와 호랑이 한 마리가 환웅을 찾아와 말했습니다.

"저희들도 사람이 되게 해 주십시오."

이때 환웅은 두 짐승에게 쑥 한 자루와 마늘 스무 쪽을 나누어 주며 대답했습니다.

"앞으로 이것을 먹고 100일 동안 햇빛을 보지 않으면 곧 사람이 될 것이니라!"

그 말에 곰은 굴속으로 들어가 쑥과 마늘만 먹으며 잘 참고 견딘 덕분에 삼칠일²¹일 만에 어여쁜 여자의 몸이 되었습니다. 하지만 호랑이는 미처 참지 못하고 동굴을 뛰쳐나갔습니다.

환웅은 여인의 모습이 된 곰의 이름을 웅녀라 짓고 그녀와 혼인했습니다. 그리고 얼마 지나지 않아 웅녀는 아이를 낳았습니다. 이 아이가 바로 단군왕검이었지요.

단군왕검은 기원전 2333년 도읍을 평양성으로 정하고 나라를 세웠습니다. 바로 고조선이었지요. 이후 단군왕검은 1500년 동안 나라를 다스리다가 1908세에 신선이 되었답니다.『삼국유사』

단군 신화는 진짜로 있었던 일인가요? ❋ 신화는 역사적 사실이라고 보기 어려운 부분이 꽤 있어요. 하지만 모두 거짓이라고 보기는 어렵고 그 내용이 의미하는 바를 찾아 살펴보면 그 시대의 생활을 어느 정도 파악할 수 있습니다.

풍백과 우사, 운사가 뜻하는 것은 무엇일까요? 이들은 각각 바람과 비와 구름을 다스리는 신이에요. 그리고 이 세 요소는 농사를 짓는 데 없어서는 안 될 가장 중요한 것들이지요. 이로부터 고조선은 농업을 아주 중시했던 사회였음을 알 수 있지요.

하지만 이보다 더 믿을 수 없는 사실은 곰과 호랑이가 쑥과 마늘을 먹고, 그중에서 곰이 어여쁜 처녀가 되어 환웅과 혼인했다는 부분이지요. 역사학자들은 그 시대를 되짚어 보고 곰과 호랑이는 각각 그 동물들을 수호신으로 섬긴 두 부족을 뜻한다고 생각했습니다. 즉 이 두 부족이 새롭게 나타난 환웅 부족과 대립·경쟁하는 과정에서 곰을 숭배하는 부족이 환웅 부족과 합쳐지게 되었다고 해석한 것이지요. 물론 호랑이를 섬기는 부족은 배척당했을 것이고요.

그렇다면 단군왕검이란 말은 무슨 뜻일까요? 단군왕검은 한 사람의 이름을 뜻하는 것이 아니랍니

고조선과 조선은 다른가요?
고조선은 말 그대로 '옛 조선'이라는 뜻으로, 훗날 이성계가 세운 '조선'과 구분하여 씁니다. 『삼국유사』에도 '고조선'이라는 명칭이 나오는데, 이것은 단군이 세운 조선(고조선)과, 위만이 세운 조선(위만 조선)을 구분하기 위한 것이었지요.

다. 이때 '단군'은 부족을 대표하여 제를 올
리는 제사장을 의미하는 말이며, '왕검'은
정치적인 지배권을 행사하는 임금을 뜻
합니다. 이것으로 단군왕검은 제사와 정
치를 모두 책임진 지배자라고 할 수 있
습니다. 이것으로 고조선은 제정 일치 사
회였음을 알 수 있습니다.

▲ 청동거울(뒷면)

고조선 사람들의 생활과 8조법

　고조선 사회의 질서를 유지하는 데 큰 역할을 했던 것은, '법
금팔조'라 불리는 8개 항목으로 된 법률이었습니다. 하지만 그
8개 법 조항이 다 전해 오는 것은 아니고, 세 가지만 중국의
역사책『한서』에 전해지고 있습니다.

　사람을 죽인 자는 즉시 사형에 처한다.
　남에게 상처를 입힌 자는 곡식으로 갚는다.
　남의 물건을 도둑질한 자는 그 집의 노비로 삼는다.
　만약 죄를 면하려면 50만 전의 돈을 내야 한다.

　이러한 법 조항은, 아주 중요한 사실을 전달하고 있어요. 사람
을 죽인 자를 사형으로 다스리는 것으로 보아 생명을 중시했다

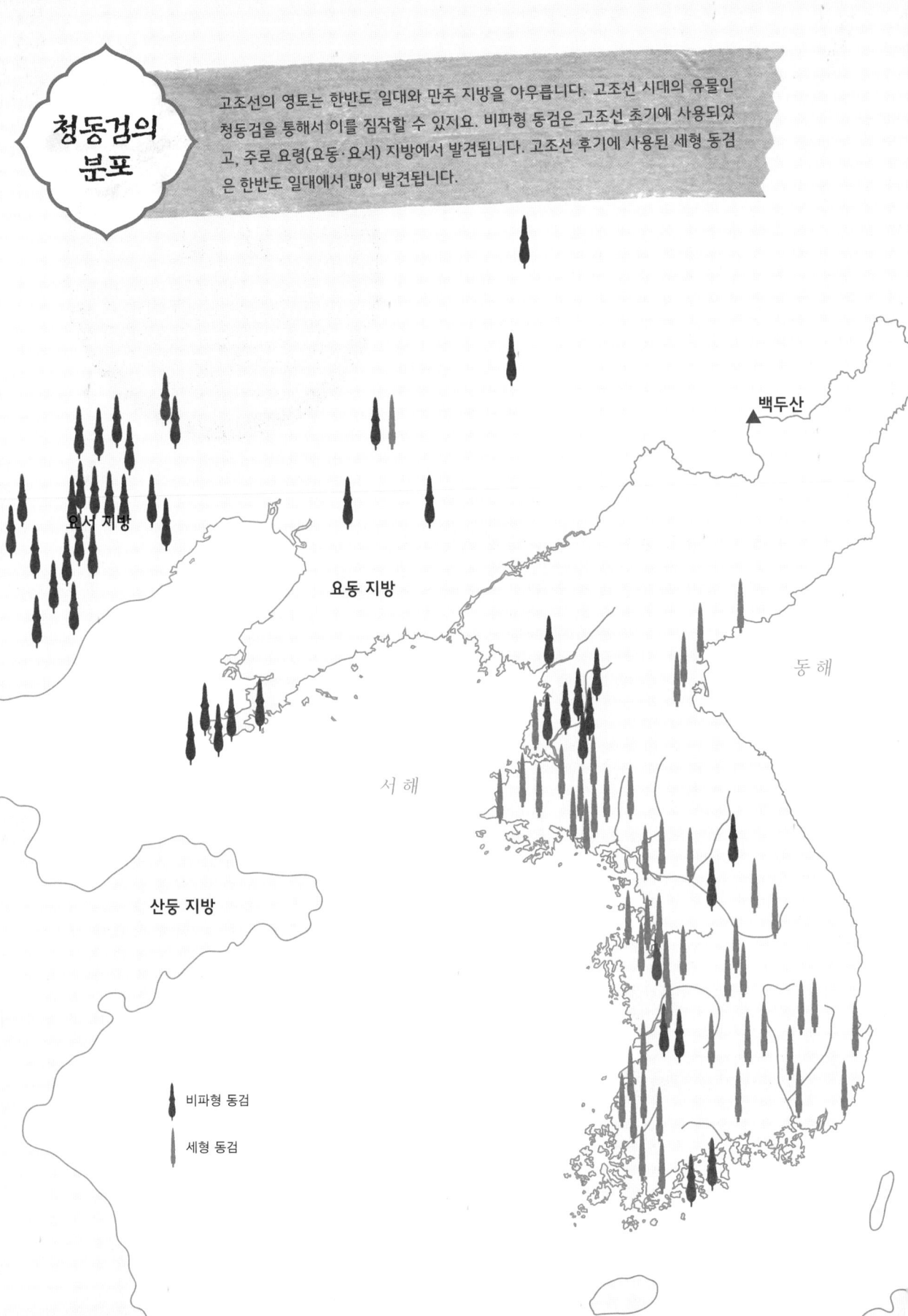

청동검의 분포

고조선의 영토는 한반도 일대와 만주 지방을 아우릅니다. 고조선 시대의 유물인 청동검을 통해서 이를 짐작할 수 있지요. 비파형 동검은 고조선 초기에 사용되었고, 주로 요령(요동·요서) 지방에서 발견됩니다. 고조선 후기에 사용된 세형 동검은 한반도 일대에서 많이 발견됩니다.

백두산

요서 지방

요동 지방

동 해

서 해

산둥 지방

비파형 동검

세형 동검

는 것을 알 수 있어요. 한 사람 한 사람이 지닌 노동력의 가치를 중요하게 생각했기 때문이에요. 또한 상처를 입힌 자에게 곡식으로 죄의 대가를 치르게 한 것은, 고조선 사회가 사유재산을 인정한 사회였음을 짐작하게 하지요. 아울러 도둑질한 자를 노비로 삼겠다고 한 것은, 신분 차이가 엄격했음을 의미한다고 볼 수 있습니다.

▲ 비파형 동검　　▲ 세형 동검

　물론 법 조항이 지금에 비해 단순하고 간략해 보이지만, 법이 필요했다는 것은 그만큼 고조선 사회가 여러 계층의 사람들이 복잡하게 얽혀 사는 발달한 나라였다는 것이지요.

철기의 수용과 위만조선

　기원전 400년경부터 철기를 쓰기 시작한 고조선은 더 강해졌고, 땅도 넓어졌습니다. 준왕은 중국 땅의 연나라와 똑같이 왕이라는 칭호를 쓰며 자존심을 세웠지요.

　그러던 중 중국 땅에서 여러 나라가 싸움을 벌이는 바람에 많은 사람들이 고조선 땅으로 몸을 피했습니다. 그들 중에 위만이라는 사람이 있었어요. 그는 상투를 틀고 조선의 옷을 입고 1000여 명의 무리와 함께 준왕을 찾아왔지요. 기원전 194년

준왕은 위만에게 관직을 내리고 서쪽 땅 100여 리를 주고 다스리게 했습니다. 하지만 위만은 더 욕심을 내서, 오히려 준왕을 내쫓고 고조선의 왕이 되었습니다.

위만왕 때 고조선은 더욱 강성해졌습니다. 중국 땅에서 새로 일어난 한나라와도 어깨를 겨루었지요. 이후 위만의 손자 우거왕 때에는 주변의 여러 크고 작은 부족을 정복하여 세력을 더욱 넓혔어요. 그리하여 그 영토가 사방 수천 리에 이르렀지요.

지배층의 분열과 멸망

그러던 중 위만의 손자 우거왕 때, 고조선의 장수를 해치고 달아나던 한나라 사신을 죽이는 사건이 발생하고 말았어요. 바로 이때 한나라는 사신의 죽음을 핑계 대고 고조선을 침략했습니다. 사실 그렇지 않아도 고조선이 더욱 강성해지는 것이 못마땅하던 터였지요.

마침내 한나라의 무제는 육군만 5만이 넘는 병력을 이끌고 고조선 침공 길에 올랐어요. 고조선의 우거왕과 병사들은 똘똘 뭉쳐 한동안은 한나라군을 막아 냈습니다.

하지만 시간이 지나자 고조선 조정에서 내분이 일어나고 말았어요. 지배층이 한나라와 맞서 싸우자는 쪽과 항복하자는 쪽으로 나누어져 분열을 일으키고 말았던 것이지요. 그럼에도 불구하고 백성들은 한나라의 공격에 끝까지 저항했어요.

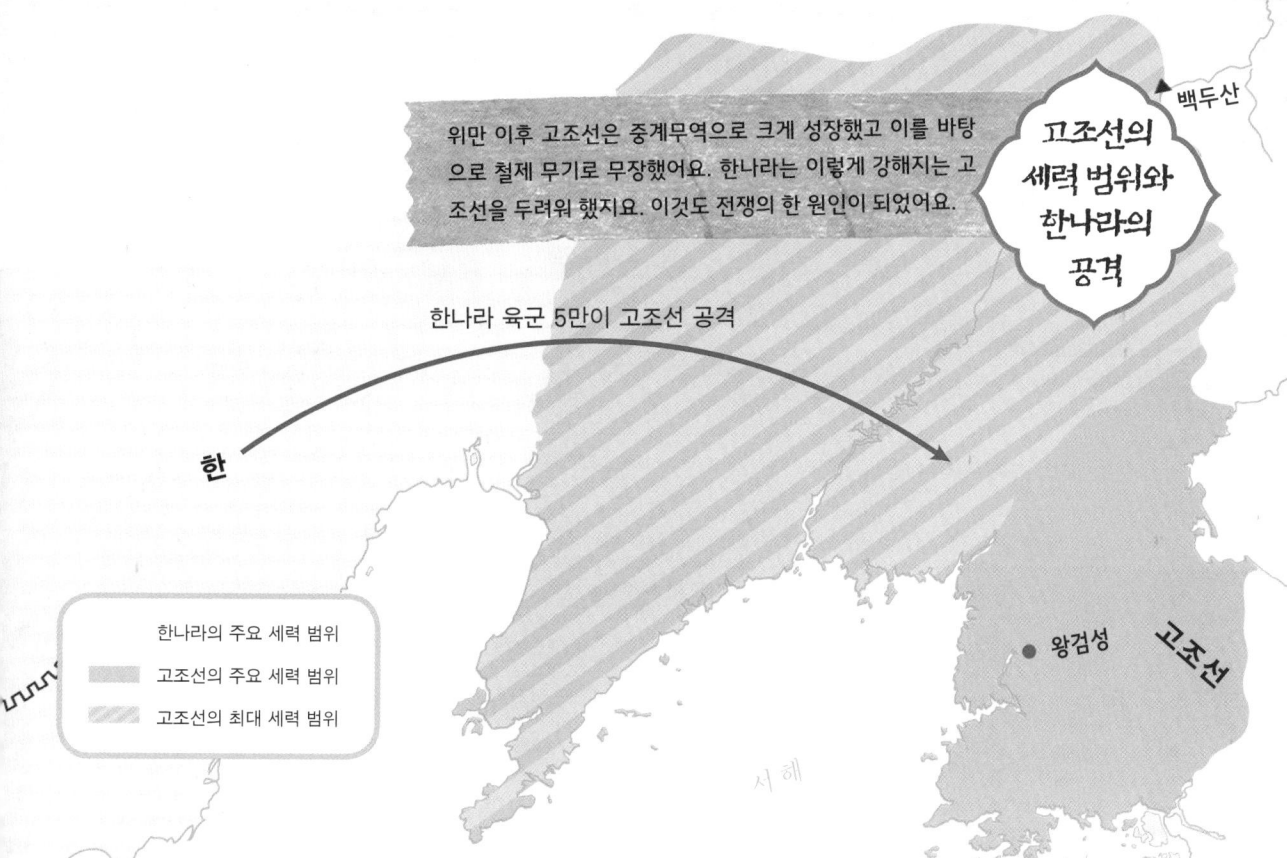

위만 이후 고조선은 중계무역으로 크게 성장했고 이를 바탕으로 철제 무기로 무장했어요. 한나라는 이렇게 강해지는 고조선을 두려워 했지요. 이것도 전쟁의 한 원인이 되었어요.

고조선의 세력 범위와 한나라의 공격

백두산

한나라 육군 5만이 고조선 공격

한

왕검성

고조선

한나라의 주요 세력 범위
고조선의 주요 세력 범위
고조선의 최대 세력 범위

서 해

하지만 한나라의 치열한 공격에 마침내 고조선은 더 이상 버 터 내지 못하고 성문을 열어 주고 말았답니다.기원전 108년

한나라는 곧 고조선의 옛 땅을 다스리기 위해 4개의 군현을 설치했어요. 낙랑군, 현도군, 진번군, 임둔군이 그것이지요.

이후 고조선의 유민들은 한나라의 지배에 강하게 반발하였고, 끊임없이 한나라에 대항했습니다. 그런 덕분에 오래지 않아 진번군과 임둔군은 폐지되었고, 현도군은 서쪽으로 쫓겨났습니다. 그리고 마지막으로 남았던 낙랑군은 313년, 고구려에 의해 완전히 사라지게 되었답니다.

궁금해요 청동기 시대 한반도 사람들의 의식주

무엇을 먹었을까?

청동기 시대 한반도에 살던 사람들은 주로 수수와 콩·팥·조와 같은 곡물을 재배해 주식으로 먹었습니다. 비교적 날씨가 따뜻한 남쪽 사람들이 벼농사도 짓긴 했지만, 이때까지만 해도 쌀은 워낙 귀해서 일반 사람들은 먹기 힘들었습니다.

식량이 부족할 때를 대비해서 소와 개, 돼지 같은 가축도 키웠습니다. 물론 사냥으로 잡은 여러 산짐승 고기와 생선을 먹기도 했지요. 이미 이때부터 김치를 담가 먹었는데, 지금과 같은 것은 아니고 무를 소금물에 절여 만든 것이었습니다. 고사리나 미나리·더덕·쑥은 물론, 마늘과 같은 조미료도 사용할 줄 알았답니다.

어떤 옷을 입었을까?

청동기 시대 한반도 사람들은 남녀 모두 바지저고리와 치마(여자)를 입었어요. 귀족들의 옷감은 비단이었고 금이나 은으로 만든 장신구를 걸치기도 했어요. 평민들은 삼베로 된 옷을 입고, 귀족만큼은 아니어도 옥을 이용해 팔찌나 가락지를 만들어 착용하기도 했어요. 겨울이 되면, 짐승의 털가죽으로 만든 겉옷을 걸쳤지요. 신발은 짚을 엮어 신었지만, 추운 겨울에는 짐승의 가죽을 벗겨 만든 가죽신을 신기도 했어요. 귀족들은 이런 가죽신에 청동으로 만든 단추를 달아 멋을 내기도 했지요.

어떤 곳에 살았을까?

청동기 시대에는 집을 짓는 기술도 좋아졌습니다. 신석기 시대와는 달리 움집에서 벗어나 땅 위에 집을 짓고 살았지요. 이미 이때부터 침실과 부엌 등의 공간이 분리되기 시작했고, 쪽구들을 놓아서 바닥을 따뜻하게 만들었습니다.

3장 | 철기 시대의 여러 나라
- 연맹 왕국의 등장

철기와 연맹 왕국

한나라의 침략으로 고조선이 멸망할 즈음, 이미 한반도와 그 주변에는 부여와 고구려, 옥저와 동예, 그리고 삼한이 저마다 세력을 키워 나가고 있었어요.

이들 나라는 모두 철기를 사용하기 시작하면서 생겨났지요. 철기는 청동기보다 구하기 쉬웠고, 더 단단하고 날카로워서 무기로, 또한 농기구로 제작되었습니다.

철기는 언제 한반도에 들어왔나요?
철기는 기원전 4~5세기경에 한반도에 들어오기 시작했어요. 특히 중국의 전국 시대의 혼란을 피해 한반도로 이주하기 시작한 사람들이 철기를 널리 퍼트렸지요. 기원전 1세기경에는 마침내 한강 이남 지역까지 철기가 보급되었답니다.

이에 따라 부족들은 전투력이 크게 증가한 것은 물론 농업 생산력이 크게 높아졌습니다. 왜냐하면 무른 청동기보다 철제 농기구로는 단단한 땅도 보다 깊게 갈 수 있었기 때문이지요. 보다 큰 마을이 생겨나고 여러 부족들의 생활 규모가 커진 것도 철기의 등장 때문이었습니다.

하지만 이들 대부분의 나라가 고조선처럼 강력한 세력을 이루지는 못했고, 몇 개의 부족이 연맹체의 형태로 유지되는 나라였습니다. 즉 부족들 중 가장 강한 부족의 지배자가 왕이 되는 것이었지요. 그랬으므로 연맹 왕국의 왕은 모든 부족에 대하여 큰 영향력을 행사할 만큼 강한 힘은 가지지 못했습니다.

농사와 목축이 중요했던 부여

고조선이 멸망할 즈음, 가장 먼저 나라다운 틀을 갖추기 시작한 나라는 부여였습니다. 만주 송화강 유역의 넓은 평원에 자리 잡은 부여는 5개의 부족이 힘을 모아 세운 나라였어요. 그래서 왕은 자신이 머무는 지역만 주로 다스렸고, 나머지 땅은 '대가'라고 불리는 그 부족의 지배자가 통치했죠.

부여가 차지하고 있던 송화강 유역은 드넓은 평야가 펼쳐져 있었어요. 그 때문에 농사가 발달했지요. 또 목축 역시 널리 퍼져 있었고 그것을 농사만큼이나 중요하게 여겼어요. 관직의

▲ 옛 부여 지역에서 발견된 돌낫

이름도 이들이 키웠던 짐승의 이름을 따서 붙였습니다. 마가, 우가, 저가, 구가와 같은 식으로 말이에요. 마馬는 말, 우牛는 소, 저猪는 돼지, 구拘는 개를 뜻했습니다. 그리고 이들 마가, 우가, 저가, 구가가 다스리던 지역을 '사출도'라고 불렀는데, 왕이 직접 통치하는 중앙과 합하여 5부를 이루었습니다.

부여의 중요한 나랏일은 바로 이 지역의 통치자가 모두 참여

부여의 축제, '영고'란 무엇인가요?
해마다 12월에 열리는 이 축제 때는 하늘에 제사를 올리고 음식을 장만해 먹으며 노래와 춤을 즐겼습니다. 큰 잘못을 저지른 죄수도 이때 풀어 주곤 했어요. 바로 이 기간에 귀족회의가 열렸는데, 나랏일은 물론 잘못을 저지른 사람을 재판하기도 했습니다.

하는 귀족회의를 통해서 정했습니다. 이때, 귀족회의의 권력은 아주 막강해서 왕이라도 귀족회의에서 나온 결정에 따라야 했지요.

"지금 몇 해째 흉년이 거듭되어 백성들의 고통이 이만저만이 아닙니다. 이는 왕이 어질지 못한 탓이니, 왕이 물러나야 합니다!"

가령 귀족회의에서 이런 결정이 내려지면, 왕은 두말없이 왕의 자리를 내주어야 했습니다.

큰 힘을 갖고 있던 왕이나 귀족들은 죽은 뒤에도 큰 영화를 누렸습니다. 뿐만 아니라 이들이 죽으면 살아 있을 때 쓰던 물건들과 노비를 함께 묻었지요. 죽은 뒤에도 똑같은 생활을 하라는 바람에서였습니다. 어떤 경우에는 100명이 넘는 노비가 산 채로

땅에 묻혔습니다. 이 제도를 '순장'이라고 불렀습니다.

무예를 중요시했던 고구려

부여 다음으로 나라의 모양새를 갖추어 간 나라는 고구려였습니다. 고구려 역시 부여처럼 5개의 부족이 힘을 합해 세운 나라였지요.

고구려는 큰 산과 계곡이 많은 지역에 위치하여 농사지을 곳이 마땅치 않았습니다. 따라서 생활에 필요한 물품을 구하는 데도 어려움이 따랐어요. 이런 사정 때문에 고구려 사람들은 활발한 정복 전쟁을 벌여 나갔습니다.

고구려인들은 말 타는 솜씨, 그리고 사냥을 즐기며 익힌 활솜

▲ 고구려 벽화 수렵도

▲ 말 탄 고구려 병사

씨가 정말 빼어났습니다. 뛰어난 무예 솜씨는 강한 군사력으로 이어졌지요. 고구려 군사들이 말을 탄 채 활을 쏘며 공격할 때면, 적들이 혀를 내두를 정도였습니다. 고구려는 이 뛰어난 무예 실력으로 무장하고 국경 너머로 진출했습니다.

"동예와 옥저를 차지하면 해산물과 소금을 얻을 수 있을 것이다!"

식량만큼이나 중요한 것이 소금이었기에, 고구려는 우선 동예와 옥저를 공격했습니다.

이렇게 고구려는 한반도 북쪽과 요동 지역을 차례로 손에 넣으며 강국으로 발돋움할 채비를 갖추었습니다. 부여보다도 늦게 등장했지만 차차 시간이 흐를수록 부여보다 더 강력해졌습니다.

동해안에 자리 잡은 옥저와 동예

한반도 북쪽 동해안에 자리 잡은 옥저와 동예는 고구려처럼 큰 나라를 이루지는 못했습니다. 왕이 없었고, 대신 '삼로'라 불리는 부족의 어른이 회의를 열어 나랏일을 결정했습니다. 이 두

나라 역시 연맹 형태의 나라였는데, 전쟁이나 위급한 일이 있을 때만 힘을 합쳤죠. 물론 보통 때는 부족 간에 서로 간섭하지 않았습니다.

옥저와 동예가 한동안 평화를 유지할 수 있었던 이유는, 서쪽과 북쪽으로는 산이 높았고, 동쪽은 바다에 면해 있어서 외적의 침입을 받기 어려웠기 때문이었습니다. 하지만 고조선이 멸망한 뒤, 한나라가 설치한 낙랑군의 간섭을 받기 시작했고, 이후에는 고구려에 흡수되고 말았습니다.

옥저 ⚙ 옥저 땅은 기름진 편이어서 농사도 잘되고 해산물이 풍부했습니다. 하지만 고구려의 영향력 아래에 있었으므로, 자신들의 특산물인 소금과 생선을 꾸준히 고구려에 바쳐야 했지요.

옥저 사람들은 민며느리 제도와 골장제의 풍습을 지키고 있었습니다.

민며느리 제도는 어린 신부를 미리 데려와 잘 키운 후에 며느리로 맞이하는 풍습이었죠. 또한 골장제는 가족 중 누군가 한 사람이 죽으면 임시로 묻었다가 나중에 뼈만 추려 가족의 공동 묘에 옮겨 묻는 풍습이었습니다.

동예 ⚙ 동예 역시 고구려에 단궁활, 과하마조랑말, 반어피바다표범가죽와 같은 특산물을 바치며 보호를 받던 나라였습니다. 특히 단

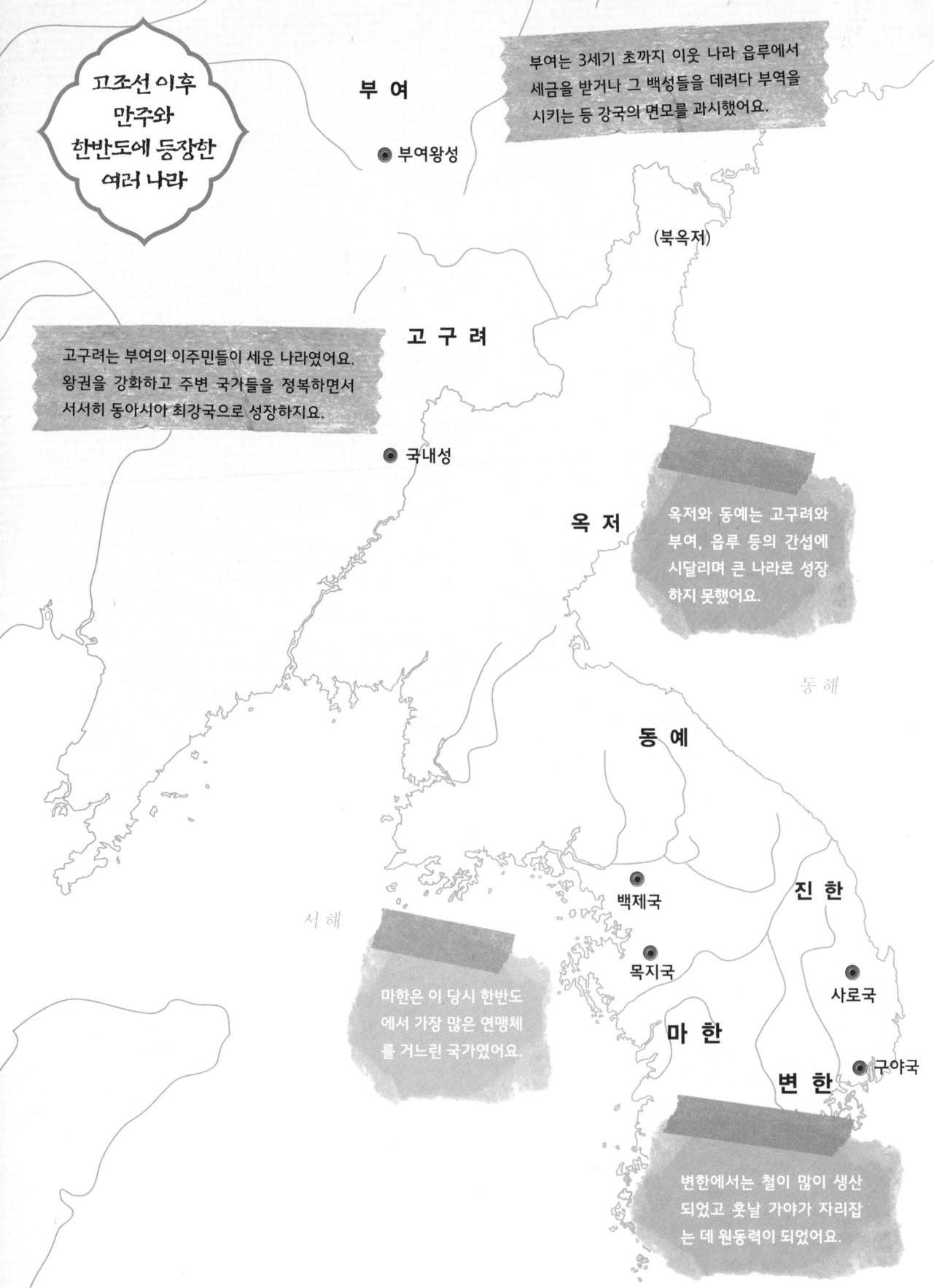

고조선 이후
만주와
한반도에 등장한
여러 나라

부 여

● 부여왕성

부여는 3세기 초까지 이웃 나라 읍루에서
세금을 받거나 그 백성들을 데려다 부역을
시키는 등 강국의 면모를 과시했어요.

(북옥저)

고 구 려

고구려는 부여의 이주민들이 세운 나라였어요.
왕권을 강화하고 주변 국가들을 정복하면서
서서히 동아시아 최강국으로 성장하지요.

◉ 국내성

옥 저

옥저와 동예는 고구려와
부여, 읍루 등의 간섭에
시달리며 큰 나라로 성장
하지 못했어요.

동 해

동 예

진 한

◉ 백제국

서 해

◉ 목지국

마한은 이 당시 한반도
에서 가장 많은 연맹체
를 거느린 국가였어요.

마 한

◉ 사로국

변 한

◉ 구야국

변한에서는 철이 많이 생산
되었고 훗날 가야가 자리잡
는 데 원동력이 되었어요.

궁은 고구려의 활 맥궁과 함께 가장 좋은 활로 여겨졌지요.

동예 사람들도 아주 독특한 풍습을 가지고 있었습니다.

"이 강은 우리 부족 영역이니, 다른 부족은 들어오지 마라!"

그들은 이처럼 산과 강의 경계를 정해 놓고, 다른 부족 사람이 들어오는 것을 막았어요. 지금 같으면 어림도 없는 일이었죠. 하지만 이것을 어기면, 노비나 소와 같은 가축으로 갚아야 했습니다. 이런 풍습을 '책화'라고 불렀습니다.

또한 10월에는 한 해의 추수를 감사드리며 하늘에 제사를 지내고 밤이 새도록 축제를 벌였는데, 이를 '무천'이라 했습니다.

한강 남쪽에 세워진 삼한

고조선 시대에는 한반도 남부를 '진'이라고 불렀습니다. 그런데 고조선이 멸망하면서 그 유민들 일부가 남쪽에 위치해 있던 '진'으로 내려왔습니다. 이제 '진'에는 고조선의 철기 문화와 토착 세력의 문화가 한데 어우러지기 시작했습니다. 그러는 한편 수없이 작은 나라들 소국이 생겨났습니다. 또 이 소국들이 연합하여 각기 마한, 진한, 변한을 이루었어요.

우선 마한은 목지국이라는 소국을 중심으로 경기도·충청도·전라도 지역을 아울러 무려 54개의 소국이 모여 연맹체를 만들었습니다. 그리고 진한은 사로국이라는 소국을 중심으로 경상북도 지역 12개 나라가, 또한 변한은 구야국이라는 소국을 중심으로 경상남도 지역 12개의 나라가 모여 연맹체를 만들었습니다. 바로 이를 모두 합해 삼한이라고 불렀습니다. 마한은 삼한 중에서 가장 세력이 컸습니다. 그래서 마한의 한 나라인 목지국 대표가 왕이 되어, 삼한 전체를 대표할 때는 이 왕이 나서기도 했습니다. 그렇지만 실제로 작은 소국들은 각각의 족장들이 다스렸지요.

삼한은 벼농사가 발달했습니다. 왜냐하면 이들이 살던 곳은 부여나 고구려보다 땅이 평탄하고 물도 많았기 때문이에요. 저수지를 만들어 가뭄에 대비했고, 벼 외에도 콩과 조, 수수 등의

곡식을 골고루 길렀습니다. 아울러 씨를 뿌리는 5월과 추수를 하는 10월에 하늘에 계절제를 올리는 일도 잊지 않았습니다.

　변한과 진한은 철을 다루는 기술이 남달랐어요. 특히 김해 지역에 자리 잡고 있던 변한의 구야국은 낙동강 물길 덕분에 철 수출의 중심지가 되어, 왜_{일본}와 낙랑에 철을 수출하기도 했습니다.

　훗날 마한은 백제의 밑바탕이 되었고, 진한은 신라, 변한은 가야 연맹의 토대가 되었습니다.

고구려 사람들은 벽화를 많이 남겼어요. 그 이유는 죽은 뒤에도 새로운 삶이 이어진다고 생각했기 때문이지요. 그래서 상류층일수록 크고 화려한 무덤을 만들어 살아 있을 때 귀하게 여긴 물건들을 함께 넣었어요. 벽화도 무덤의 주인공을 위한 그림이었어요. 그래서 벽화를 통해 그 시대 사람들의 생활 모습을 추측할 수 있답니다. 예술적으로도 색감이 아주 뛰어나고, 완성도가 높아서 세계문화유산으로 지정되었답니다.

고구려의 귀족들은 화려하고 소매가 넓은 옷을 입었어요. 특히 여자들은 바지 위에 치마를 덧대 입었지요. 콩과 보리, 수수와 같은 음식을 주로 먹었어요. 솥과 시루를 걸어서 음식을 익혀 먹은 모습도 벽화에서 찾아볼 수 있어요. 고구려는 북쪽에 위치하고 있어서 꽤 추웠을 거예요. 그래서 온돌을 놓기 시작했어요. 고구려 사람들은 춤과 노래를 즐길 줄 알았어요. 집단 가무를 통해서 결속을 꾀하곤 했습니다.

▲ 고구려 왕의 모습이라고 합니다.

▲ 씨름은 사냥과 함께 고구려 사람들의 중요한 놀이이자 심신 수련 방법이었어요.

◀ 춤을 추고 있는
고구려 사람의 모습이에요.

수레와 말은 고구려 사람들의 중요한 교통 수단이자 운반 수단이었지요.

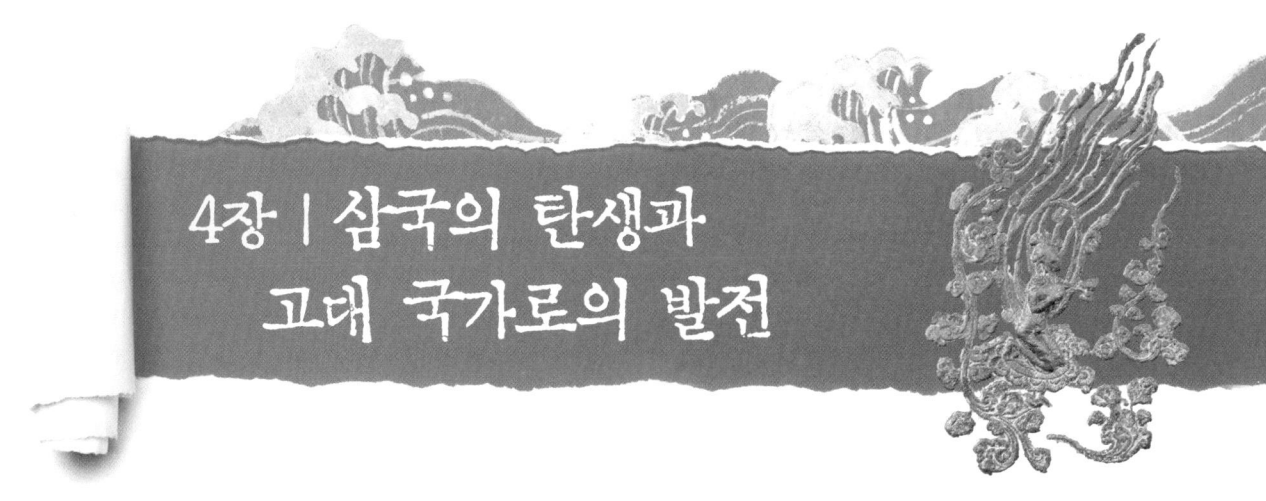

4장 | 삼국의 탄생과 고대 국가로의 발전

위기를 헤치고 대륙에 우뚝 선 고구려

주몽이 나라를 세운 것은 기원전 37년의 일이었어요. 압록강 곁에 있는 졸본을 도읍으로 정하고, 나라의 이름을 고구려라 했지요.

이어 유리왕과 대무신왕, 그리고 미천왕에 이르기까지 고구려는 동부여를 공격하고, 이전에 한나라가 세워 놓은 낙랑군을 멸망시키는 등 꾸준히 영토를 넓혀 갔습니다. 하지만 그동안 시련이 없었던 것은 아니에요. 동천왕 때에는 위나라의 공격을 받아 환도성을 버리고 북옥저까지 피난을 가야 했고, 고국원왕 때는 선비족의 침입으로 왕비까지 붙잡혀 가고 미천왕의 시신이 파헤쳐지는 수모를 당하기도 했지요. 뿐만 아니라, 고국원왕 자신이 백제의 공격을 받아 전사하기까지 했답니다.

이에 소수림왕은 전쟁만이 큰 나라를 만드는 지름길이 아니

주몽은 어떤 사람이에요?
유화 부인과 해모수 사이에서 태어난 주몽은 동부여에서 살다가 동부여의 일곱 왕자들의 핍박을 참지 못해 졸본으로 들어가 소서노의 도움으로 나라를 세우지요. 주몽은 화살을 아주 잘 쏜다는 뜻이에요.

태학이 뭐예요?

태학에는 귀족들의 자제가 입학했어요. 독서와 글쓰기, 산수와 같은 과목을 비롯해 말타기와 활쏘기 등의 무예도 익혔지요. 그런 뒤에는 중앙과 지방의 관리로 파견되어 나랏일을 맡았습니다.

율령은요?

나라를 다스리는 각종 법률을 한데 이르는 말이에요. '율'은 형벌에 대한 법이고, 령'은 행정에 대한 법을 말해요.

라고 생각했습니다.

"우선 전쟁과 굶주림에 지친 백성들을 돌보고 나라 안을 재정비하여 인재를 키워야겠소."

마음을 굳게 먹은 소수림왕은 372년, 우선 불교를 받아들였어요. 불교는 무엇보다 새로운 통치 이념으로 내세우기 좋았어요. 뿐만 아니라 인재를 얻기 위해 '태학'이라는 교육 기관도 세웠습니다. 이어 율령을 반포하여 나라를 안정시키는 데 노력했습니다. 그럼으로써 고구려는 고대 국가의 완전한 틀을 갖추게 되었습니다.

백제, 한강을 품고 한반도 중심을 차지하다

백제를 일으킨 온조는 원래 주몽의 아들이었습니다. 그런데 주몽이 동부여에 있을 때 낳은 왕자 유리가 찾아와 태자가 되면서 온조는 왕이 될 기회를 잃었습니다. 오히려 목숨이 위태로웠지요.

"형님, 유리가 고구려의 왕이 될 것이니, 우리는 새로운 터전을 찾아 남쪽으로 내려갑시다."

마침내 온조는 형 비류를 설득하여 남쪽으로 내려갔습니다. 그리고 한산 북한산에 이르러 사방의 땅이 기름지고 넓은 것을 보고 위례 지금의 서울시 송파구에 도읍을 정했지요. 새 나라를 세운 것이에요. 바로 백제랍니다. 『삼국사기』

곧 백제는 서서히 힘을 키워 한강 주변에 있던 마한의 여러 나라들을 정복하기 시작했어요. 여기에는 쇠로 만든 강력한 무기가 큰 도움이 되었습니다. 이때 백제는 낙랑군과 교류하면서 그 어떤 나라보다 발빠르게 철제 무기를 수입하고 있었거든요. 뿐만 아니라 철제 농기구까지 보급되어 농사가 발달하고 경제적 풍요를 누릴 수가 있었지요.

그런 덕택에 백제는 남쪽에서 가장 큰 세력이었던 목지국마저 손에 넣었습니다. 특히 고이왕 8대은 충청도 일대까지 백제의 영토로 만들었지요.

이어 고이왕은 넓어진 땅을 잘 다스리기 위해 새로운 제도를 만들었습니다.

"귀족 중에서 최고의 관리 여섯을 뽑아 좌평에 임명하고 나랏일을 보도록 하겠소."

그리고 모든 관리의 계급을 16등급으로 나누고

비류는 왜 동생의 뜻에 따랐나요?
『삼국사기』에 따르면 비류는 한산에 머물기를 거부하고, 또 다른 무리를 이끌고 미추홀(인천)로 갔습니다. 하지만 땅이 척박하여 농사를 짓기도 어려웠고, 마실 물도 부족했어요. 백성들의 아우성에 비류는 다시 온조에게로 돌아가지만, 자신의 실수를 원망하다가 죽음을 맞이했답니다.

백제 왕궁은 어디에 있었나요?
백제의 왕궁이 있던 자리는 정확히 알 수가 없어요. 서울의 몽촌토성과 풍납토성 부근으로 알려져 있지만 두 곳 중 어느 곳에 왕궁이 있었는지 아직 밝혀지지 않았답니다.

▼ 몽촌토성 목책

입는 옷도 저마다 다르게 입게 했습니다._{260년} 이런 과정을 통해
고이왕은 귀족들에게 흩어져 있던 권력을 왕에게 모아 중앙 집
권 체제를 갖추어 나가기 시작했습니다.

석씨 박씨 김씨의 나라, 신라

신라가 나라를 열기 전 서라벌에는 6개의 작은 마을이 있었
어요. 이 6개 마을의 우두머리들이 어느 날 모여 의논했어요.

"임금이 없으니 백성들이 질서가 없어요. 덕 있는 분을 찾아
임금으로 모시고, 나라를 세웁시다."

그리고 높은 언덕에 올라 사방을 살피는데, 양산 밑 나정 부
근에 이상한 기운이 뻗쳐 있는 걸 보았지요. 얼른 달려가 보니
흰 말 한 마리가 무릎을 꿇고 있었어요. 사람들이 나타나자 곧
말은 사라졌는데, 그 자리에 붉은 알이 하나 놓여 있었습니다.

알을 쪼개니 그 속에 아름답고 단정한 아이가 들어 있었어
요. 촌장들은 아이 이름을 혁거세라고 짓고 13세가 되자
임금으로 삼았습니다. 신라가 탄생한 것이에요.『삼국사기』

신라의 첫 이름은 '사로국'이었습니다.

특이하게도 사로국의 우두
머리는, 처음에는 '박', '석', '김'
씨가 번갈아 가며 맡았어요. 박씨의 시조는
박혁거세였고, 석씨의 시조는 석탈해4대, 김씨의 시조
는 김알지였습니다. 하지만 내물마립간17대 때부터는 김씨가 왕
위를 이어 나갔습니다.

임금을 칭하는 호칭은 계속 변해 갔는데 처음엔 귀한 사람을
뜻하는 '거서간'을 썼다가, 신의 뜻을 전달하는 사람이라는 뜻
의 '차차웅'2대 남해 차차웅을 썼어요. 네 번째 임금인 탈해는, 잇자
국이 많다는 뜻의 '이사금'이란 칭호를 썼습니다. 경험이 많고
나이가 많을수록 잇자국이 많을 거라는 생각 때문이었어요. 이
후에는 우두머리 중의 우두머리라는 뜻을 가진 '마립간'17대 내물
마립간~21대 소지 마립간이란 칭호를 사용했습니다. 물론 이런 호칭을
쓴 것은 아직 사로국이 완전한 고대 국가의 틀을 갖지 못했기
때문이었습니다.

신라가 본격적인 고대 국가로 발돋움하기 시작한 것은 22대
지증왕 때부터였습니다.

"나라의 이름을 신라로 바꾸고, 나는 마립간이라는 칭호를 버리고 '왕'이라는 칭호를 쓸 것이오." 503년

왕위에 오른 지 4년 만에 지증왕은 신하와 백성들에게 선언했습니다. 뿐만 아니라, 지증왕은 지방까지 직접 다스리겠노라고 다짐하고 관리를 보내 자신의 명령을 전달했어요. 나아가 지증왕은 이사부 장군을 보내 울릉도를 정복하기도 했습니다.

법흥왕 23대 때에 이르러서는 율령이 반포되었고, 그에 따라 관리들의 등급이 정해졌습니다. 520년 또한 그에 따라 관리들의 옷도 다르게 입도록 했지요. 아울러 불교를 받아들였습니다. 백성들의 의견을 하나로 통일하고, 왕이 부처님처럼 위대한 존재임을 백성들에게 알리고 싶었던 것이지요. 그럼으로써 신라는 완전한 고대 국가의 기틀을 갖추었습니다.

이사부는 어떤 사람이에요?
이사부는 내물왕의 4세손으로 하슬라(강릉) 책임자를 거쳤어요. 지증왕의 명령으로 우산국(울릉도)을 정벌할 때, 지형이 험하고 파도가 거칠어 접근하기 어렵자, 나무 사자를 만들어 주민들을 위협하여 항복을 받아냈어요.

철의 나라 가야

사로국 신라 서남쪽 낙동강 하류 지역에는 9개의 작은 나라가 오밀조밀 모여 있었습니다. 이 작은 나라의 족장들이 하루는 제사를 올리기 위해 구지봉에 올랐는데, 하늘에서 목소리가 들렸습니다.

"하늘이 내게 말씀하시기를, 이곳에 나라를 세우고 임금이

되라 하셨으니 이 노래를 부르라. 그리하면 너희들이 왕을 맞
으리라!"

　그래서 족장들은 시키는 대로 노래를 불렀습니다.

　거북아,

　거북아,

　머리를 내밀어라.

　내밀지 않으면 구워서 먹으리라. _〈구지가〉

　그러자 하늘에서 자줏빛 줄에 매달린 금빛 상자가 내려왔습

▼ 숭선전. 가야 시조를 모신 위패가 봉안된 곳.

니다. 열어 보니 6개의 황금 알이 들어 있었는데 12일 만에 알에서 아기들이 나왔습니다. 이 아기들 중 첫 번째로 태어난 아기가 훗날 금관가야의 임금이 되어 나라를 다스렸습니다. 나머지 아기들도 각각 대가야, 고령가야, 아라가야, 성산가야, 소가야의 우두머리가 되었지요. 『삼국사기』

이런 이야기가 전해 내려오지만 사실 옛 변한 지역에는, 작지만 이보다 더 많은 12개의 나라^{변한 12국}들이 있었습니다. 다만 이 6개의 나라가 가장 세력이 컸지요. 이 나라들은 평소에는 각각의 나라마다 흩어져 살았지만, 전쟁과 같은 나라의 큰일이 생길 때에는 금관가야를 중심으로 뭉치고, 서로 도우며 살았습니다. 그래서 이 나라들을 가리켜 '가야 연맹'이라고 불렀지요.

특히 금관가야가 여러 나라의 중심이 된 것은, 무엇보다 수로왕 때부터 발 빠르게 낙동강 하류를 차지했기 때문이었습니다. 왜냐하면 낙동강 하류는 바닷길로 나가는 교통의 요지여서, 금관가야는 한반도에 있던 여러 나라들^{옥저와 동예, 마한 등}과 중국 땅은 물론 왜나라와 교류하는 국제 해상 무역의 중심지 역할을 했기 때문이었어요.

또한 금관가야는 철이 많이 생산되었습니다.

연맹이 뭐예요?
연맹체란, 원래는 각기 다른 나라지만 특별한 일이 있을 때는 하나의 나라처럼 움직이는 것을 말해요. 이를테면 전쟁이나 무역은 함께하지만, 평상시에는 서로 간섭을 하지 않고 독립적으로 살아갑니다.

▲ 가야 병사들의 판갑옷과 투구

철은 강한 무기를 만들어 강한 군대를 갖기 위해서도 필요했고, 농사짓는 데 필요한 다양한 농기구를 만드는 데도 꼭 필요했습니다. 더구나 가야의 철이 질이 좋다는 소문이 나는 바람에 주변의 여러 나라들이 값비싸고 진귀한 물건들을 가져와 가야의 철과 바꿔 갔습니다. 그 때문에 금관가야는 다른 나라에 비해서 탄탄한 경제력을 가질 수가 있었답니다. 하지만 300년 대에 이르러 금관가야의 지위는 위태로워졌습니다. 남해안 지역에 있던 8개의 나라 '포상팔국'이 난을 일으켰던 것이에요.

▲ 말 보호 장비

"금관가야가 낙동강을 차지하고 온갖 이익을 독차지하고 있어요. 이런 옳지 못한 일을 바로잡아야 해요."

물론 신라의 도움으로 난은 오래지 않아 진압되었지만, 가야 연맹을 호령하던 금관가야의 지위는 약해질 수밖에 없었어요. 금관가야는 신라의 입김에 시달려야 했고, 주변의 여러 나라들은 금관가야를 버리고 백제에 기대기 시작했으니까요.

특히 400년 무렵, 광개토 대왕이 보낸 고구려군이 가야를 휩쓸고 지나가면서 가야 연맹은 해체의 위기에 빠졌답니다.

금관가야는 어디에 있었나요?
지금으로 치면 김해 지역이지요. 김해(金海)의 한자어를 풀이하면 '쇠의 바다'라는 뜻이에요. 쇠(철)가 많이 나는 곳이라서 붙여진 이름이지요. 이곳이 지금은 너른 평야 지역이지만, 옛날에는 바다였다고 해요. 김정호가 조선 후기에 그린 대동여지도에도 김해는 바다로 표시되어 있답니다.

신라 무덤 속에서는 수많은 금 세공 유물이 발견되었어요. 실제로 신라 귀족들은 금으로 만든 세공품을 장식용으로 많이 썼다고 해요. 아라비아 사람들이 이것을 보고 신라를 '황금의 나라'라고 불렀다는군요. 특히 이 무렵(4~6세기)은 신라가 다른 나라와 활발하게 교역을 할 때여서 다른 나라와 영향도 주고받으면서 금 세공 기술이 발전했을 것이라고 추측하고 있어요.

금관 신라를 대표하는 문화유산 중 하나가 바로 황남대총 금관이에요. 가운데와 양 옆은 출(出) 자 모양의 장식이 세워져 있고, 뒷부분에는 사슴뿔 모양의 장식이 되어 있습니다. 그리고 장식 곳곳에 곡옥과 영락이라 부르는 금판 장식이 치장되어 있어서 화려함을 더해 주지요. 하지만 이 왕관을 실제로 썼는지에 대해서는 의견이 분분해요. 무게가 1kg이 넘어서 쓰고 다니기에는 무겁다는 것이지요. 그래서 일부 학자들은 장례용 부장품으로 만들었을 가능성이 크다고 해요.

팔찌 평평한 판 위에 금 알갱이를 붙이고, 옥을 붙여서 고급스럽게 만들었어요. 중앙아시아 쪽에서 영향을 받았을 가능성이 크다고 해요.

금제 굽다리 접시 금반을 두드려 둥그렇게 만들고 다리를 붙여 만들었어요.

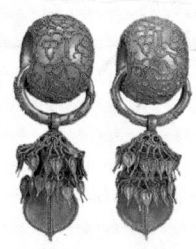

귀걸이 둥그런 몸체에 금 알갱이를 촘촘하게 붙였어요. 그 아래 장식도 화려하게 만들었지요.

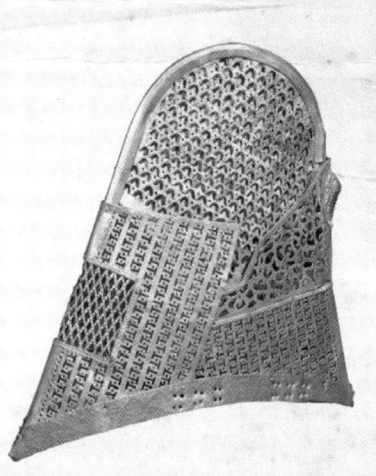

관모 위아래에 서로 다른 화려한 무늬로 장식되어 있는 게 특징이에요. 이 역시 실제로 사용했다기보다는 의식용으로 사용되었을 것이라고 해요.

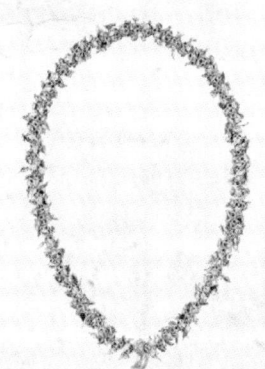

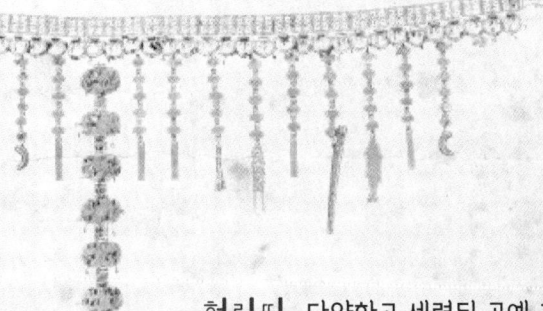

목걸이 화려한 금장식을 이어 붙여서 만든 것이에요. 신라인들의 세공 기술이 아주 뛰어났음을 알 수 있지요.

허리띠 다양하고 세련된 공예 기술이 돋보이지요. 4kg이 넘기 때문에 역시 장식용으로 사용되었을 것으로 짐작됩니다.

5장 | 삼국의
치열한 경쟁과 팽창

백제, 한반도의 중심에 서다

백제의 위상을 드높인 근초고왕 ◈ 삼국 중, 가장 먼저 한반도
의 주인 노릇을 한 나라는 백제였습니다. 무엇보다 근초고왕13대
의 역할이 아주 컸습니다.

근초고왕은 우선 한반도 서남쪽에 남아 있던 마한 세력을 정
복했습니다. 위로는 경기도 남쪽부터 시작해, 충청도와 전라도
쪽을 차례로 백제의 손에 넣었지요.

이어 근초고왕은 북쪽으로 눈을 돌렸습니다.

"한반도는 좁다! 북쪽으로 갈 것이다!"

마침 그 무렵, 고구려는 중국 땅에 자리잡은 전연의 공격을 받
아 혼란스러울 때였습니다. 근초고왕은 근구수 태자14대 근구수왕
를 앞세워 고구려 공격에 나섰습니다. 그리고 국경 부근에서 연
이어 고구려군을 격파한 뒤, 371년에는 마침내 평양성을 공격했
습니다.

고구려군은 고국원왕이 직접 군사를 이끌며 성을 지켰습니다.

처음에는 우열을 가리기 힘든 전투였지요. 하지만 옛 백제의 신하였다가 죄를 짓고 도망친 고구려 장수가 찾아와 태자에게 귀띔했습니다.

"태자님, 고구려군의 최정예 군사들은 임금의 붉은 깃발 아래 모여 있는 자들뿐입니다."

태자는 그 말을 받아들여 거듭 공격한 끝에 승리를 거둘 수 있었습니다. 태자는 후퇴하는 고구려군을 뒤쫓았지만 신하 막고해의 '만족하면 욕되지 않을 것이며, 그칠 줄 알면 위태롭지 않다'는 충고에 따라 추격을 멈추었습니다. 고구려는 고국원왕이 전사했고, 한강 이북지역, 황해도 대부분을 백제에게 내주어야 했습니다.

영토를 넓힌 근초고왕은 바다 건너 다른 나라와도 교류했습니다. 중국 땅 동진에 사신을 보내 정식으로 외교관계를 맺고, 수준 높은 문물을 받아들였지요. 뿐만 아니라 바닷길을 개척해 왜나라에 문물을 전해 주었고, 중국의 역사책 『송서』에 따르면, 바다 건너 중국 땅 요서 지역까지 진출했습니다. 백제는 근초고왕 때만큼은 한반도의 주인이었습니다.

쫓기는 백제 🌀 근초고왕이 세상을 떠난 후, 얼마 지나지 않아 백제에는 위기가 찾아왔습니다. 안으

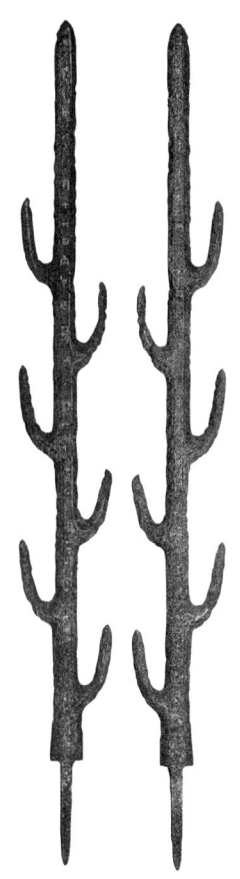

▲ 칠지도

칠지도가 뭐예요?
근초고왕이 왜왕에게 선물로 줬다고 하는 칼이에요. 칼의 가지가 7개로 뻗어서 '칠지도'라 불러요. 앞면에는 '100번 담금질한 철로 칠지도를 만들어 온갖 나쁜 일을 물리칠 수 있으니 왜왕에게 전한다'라고 쓰여 있어요.

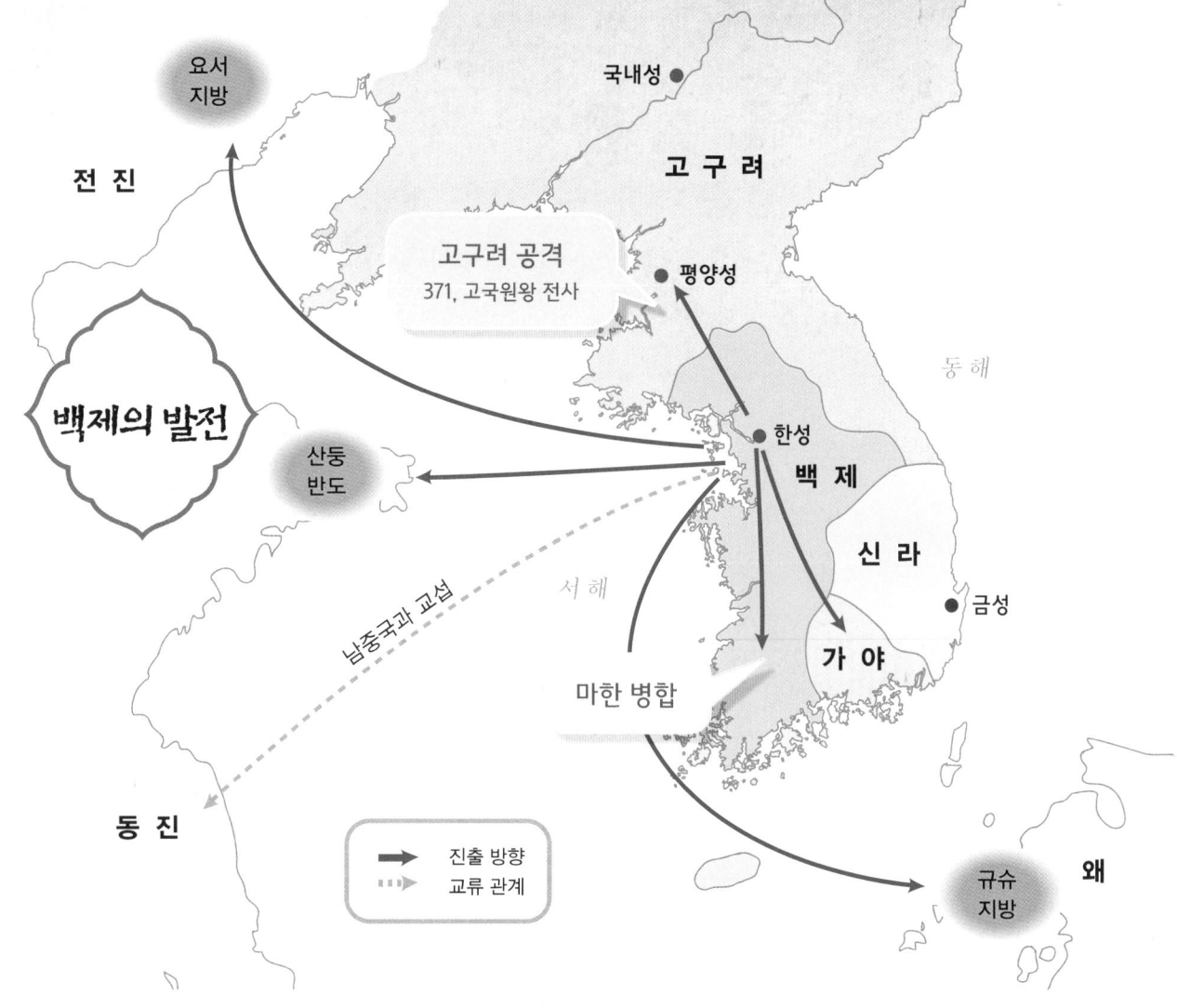

요서
지방

전 진

국내성 ●

고 구 려

고구려 공격
371, 고국원왕 전사

● 평양성

동 해

백제의 발전

산둥
반도

한성 ●

백 제

신 라

● 금성

남중국과 교섭

서 해

마한 병합

가 야

동 진

→ 진출 방향
⇢ 교류 관계

규슈
지방

왜

로는 진사16대와 아신17대이 왕위를 두고 다툼을 벌였고, 바깥으로
는 막강한 기병을 앞세운 고구려의 광개토 대왕이 험준한 요새로
알려진 관미성마저 무너뜨렸습니다. 그리고는 마침내 왕성 가까
이까지 들이닥쳤습니다. 이때 아신왕은 포로 1000명과 베 1000
필을 바치고 굴욕적인 맹세를 해야 했지요.

"앞으로는 고구려의 영원한 노예가 되겠습니다!"

물론 아신왕은 호시탐탐 고구려를 공격할 기회를 노렸지만, 기회는 오지 않았습니다. 오히려 광개토 대왕의 뒤를 이어 왕위에 오른 장수왕 20대은 고구려 도읍을 평양성으로 옮기더니, 끊임없이 백제의 국경을 침범해 왔습니다. 이런 중에 백제의 신하들은 어떻게 고구려의 공격을 막아 낼지를 두고 잦은 다툼을 벌였고, 그 탓에 왕실의 권위도 땅에 떨어졌습니다.

이에 백제의 개로왕 21대은 신라와 왜에 사신을 보내 외교 관계를 돈독히 했어요. 또 한편으로는 궁궐을 새로 짓고 선왕의 무덤을 보수하여 왕실의 권위를 높이려 애썼지요. 하지만 너무 무리하게 공사를 강행한 나머지, 민심을 잃고 오히려 국력을 낭비하는 결과를 초래하고 말았습니다.

이를 눈치챈 고구려의 장수왕은 한성을 공격했습니다. 백제는 속수무책으로 당했고, 한성은 쑥대밭이 되고 말았지요. 개로왕마저 고구려군에 붙잡혀

목숨을 잃고 말았습니다. 475년

한강 유역을 잃은 백제는 도읍을 웅진 충남 공주으로 옮겨야 했습니다. 이때부터 백제는 고난의 연속이었습니다. 나라를 바로잡을 틈도 없이 문주왕 22대은 신하 해구에 의해 죽임을 당했고, 뒤이어 왕위에 오른 삼근왕 때에도 혼란이 계속되었지요.

동성왕 24대이 중국의 남제에 사신을 보내고, 신라와는 결혼 동맹을 맺으며 나라를 안정시키려 했지만, 결국 그 자신도 귀족들에게 살해당하고 말았지요. 백제의 혼란은 계속되었습니다.

백제의 부활과 좌절 ─ 무령왕과 성왕

백제가 다시 안정을 찾기 시작한 것은 무령왕 25대 때였습니다. 무령왕은 먼저 백성들을 보살폈습니다.

공산성은 어떤 곳인가요?
공산성은 백제의 두 번째 도읍인 웅진에 쌓은 성이에요. 처음에는 흙으로 쌓은 토성이었죠. 훗날 백제가 멸망할 때, 의자왕이 이곳으로 피신하기도 했어요.

"백성들이 잘살 수 있도록 농사짓는 데 필요한 시설을 보수하고, 흉년이 들어 먹을 것이 모자라면 나라의 창고를 열어 백성들에게 식량을 나누어 주도록 하라!"

▶ 공산성 . 웅진이 백제의 도읍이었을 당시에 쌓은 도성이에요.

뿐만 아니라, 나라 살림을 안정시키기 위해 지방에 관리를 보
내 세금을 직접 걷었습니다. 덕분에 경제가 조금씩 회복되었고,
그것을 바탕으로 군사도 훈련시킬 수 있어서 국방이 튼튼해졌
어요. 무령왕의 노력은 여기서 그치지 않았어요.

　"나라의 힘은 군사력에만 있는 것이 아니라, 외교를 잘하는
데도 있다!"

▲ 무령왕릉. 무령왕릉은 백제의 무덤 중 유일하게 그 주인을 알 수 있는 무덤이에요. 이 무덤에서는
왕과 왕비의 관 꾸미개를 비롯한 4600여 점의 유물이 발견되었답니다. 오른쪽 동그라미 속 유물이 바
로 금제 관 꾸미개인데, 학자들은 이를 왕(아래)과 왕비(위)의 모자를 장식하는 장신구였을 거라고 짐
작합니다.

그런 생각을 가지고 있던 무령왕은 중국의 양나라와도 활발하게 교류하면서 새로운 문물을 수입했어요. 그래서인지 무령왕이 세상을 떠났을 때, 신하들은 왕의 무덤을 양나라식으로 만들기도 했답니다.

나라가 어느 정도 안정을 되찾자 무령왕의 뒤를 이어 등극한 성왕은 크나큰 결단을 내렸습니다.

"웅진은 산과 강으로 둘러싸여 있어서 외적을 방어하기에는 좋으나 밖으로 뻗어나가기 어렵다. 도읍을 사비_{충남 부여}로 옮기고, 백제를 부활시킬 것이다!"

성왕은 신하와 백성 들에게 이렇게 선포하고, 나라 이름도 '남부여'라 고쳤습니다._{538년} 그런 뒤 중앙과 지방의 통치 조직을 정비했습니다.

이어 성왕은, 고구려에게 빼앗겼던 한강 유역을 되찾기로 마음먹었습니다. 마침 고구려 왕실은 왕위 계승을 두고 왕족들 간의 다툼이 한창이었죠. 이때가 기회라고 생각한 성왕은 신라에 사신을 보냈습니다.

"고구려가 혼란스러우니, 지금 공격하면 충분히 이길 수 있을 듯하오."

마침 신라를 다스리던 진흥왕도 영토 확장에 뜻이 있었기에 얼른 군사를 보냈습니다.

왜 남부여라 불렀나요?
성왕은 백제가 옛 부여의 전통을 잇는 나라라고 여겼어요. 이보다 앞서 부여는 고구려에 항복했지요. 그러므로 고구려와 맞선다는 의미도 있었습니다. 하지만 성왕이 죽은 후, 나라 이름은 다시 백제로 바뀌었어요.

성왕은 어떻게 통치 조직을 정비했나요?
중앙은 22개 실무 관청에서 나랏일을 보게 했어요. 그럼으로써 이전까지 나랏일을 도맡아 하던 6좌평의 역할도 줄어들었고, 따라서 귀족의 힘도 분산이 되었지요. 지방은 이전까지 22개의 담로를 두어 다스리던 것을 크게 5개 '방'으로 나누고, 각각 그 아래에 군, 또 그 아래에 현을 두었지요.

이어 백제의 태자 여창과 신라의 장수 거칠부가 이끄는 연합군은 한강 유역을 수비하던 고구려군을 순식간에 휩쓸어 버렸습니다. 551년 이 전투의 승리로 백제는 한강 하류 지방 일대경기도를 다시 손에 넣을 수 있었습니다.

하지만 그로부터 2년 뒤, 한강의 상류충청도와 강원도 일대를 차지하고 있던 신라가 욕심을 부려 백제를 공격했습니다. 한강 유역을 홀로 독차지하고 싶은 거였죠. 결국 어이없게도 백제는 70여 년 만에 되찾은 한강 유역을, 이번에는 신라에 빼앗기고 말았습니다.

성왕은 분노하여 대가야 군사까지 동원하여 신라의 요충지인 관산성충북 옥천 부근을 공략하게 했습니다. 왕의 명령을 받은 태자 여창은 즉시 군사를 이끌고 관산성을 공격했지요. 처음에는 백제가 승리를 거두었습니다. 이에 성왕은 태자 여창을 축하하고자 100여 명의 호위 군사와 함께 관산성으로 향했습니다. 하지만 성왕은 이를 눈치챈 신라군의 매복 작전에 걸려 죽임을 당하고 말았습니다.

결국 백제의 오랜 숙제였던 한강 유역 회복은 물거품이 되었습니다. 성왕의 뒤를 이은 위덕왕, 혜왕도 끊임없이 신라를 공격했지만, 영토만 넓히는 데 성공했을 뿐, 한강은 되찾지 못했지요.

고구려, 한반도와 대륙을 정복하다

광개토 대왕과 철갑 기병의 천하무적 고구려 ❀ 소수림왕 덕분에 나라 안이 안정을 찾자, 17세에 왕위에 오른 광개토 대왕19대은 바깥으로 눈을 돌렸습니다. 마침 중국 땅에서는 여러 민족들이 제각각 나라를 세우고 저희들끼리 싸움을 벌이는 중이었죠. 대륙으로 뻗어 나가려는 큰 꿈을 꾸고 있던 광개토 대왕은 이때가 기회라고 생각했습니다.

하지만 광개토 대왕은 먼저 백제를 공격하기로 했습니다. 북쪽에서 전쟁을 벌이고 있을 때 혹시라도 백제가 도발할지 몰라서였어요. 게다가 백제에 원한도 많았습니다.

"선왕이신 고국원왕이 백제와의 싸움에서 돌아가셨다. 반드시 원한을 풀고 잃어버린 고구려의 땅을 되찾아야 한다!"

이윽고 광개토 대왕은 4만의 군사를 일으켜 직접 백제 정벌에 나섰습니다. 열흘 만에 10여 개의 성을 빼앗고, 백제의 요새이자 교통의 요지인 관미성마저 함락시켰습니다.

그리고 마침내 396년 육군과 수군을 총동원하여 광개토 대왕은 백제의 도읍인 한성 인근 30리 부근까지 다다랐습니다. 결국 백제의 아신왕은 광개토 대왕 앞에 무릎을 꿇었습니다.

"앞으로는 고구려의 영원한 노예가 되겠습니다!"

관미성은 어떤 성이에요?
관미성은 지금의 황해도 예성강 인근으로 추정하고 있어요. 3면이 절벽으로 둘러싸여 있고, 한쪽은 바다가 막고 있는 요새 중의 요새였어요. 교통의 요지였을 뿐만 아니라, 백제의 도읍으로 가는 길목이기도 했습니다. 광개토 대왕은 이곳을 점령하기 위해 육지로는 관미성을 포위하고 바다로는 배를 보내 20여 일 만에 함락시켰지요.

여기에 더하여 백제는 포로 1000명과 베 1000필, 그리고 왕의 아우와 신하 10여 명을 인질로 보내왔습니다.

남쪽을 평정한 광개토 대왕은 곧바로 군사를 돌려 북쪽으로 향했습니다. 먼저 광개토 대왕은 고구려 국경 부근에서 약탈을 일삼던 비려족_{거란의 한 종족}과 숙신족_{말갈족}을 차례로 정벌했습니다. 이때 광개토 대왕은 비려족에게서 군사와 백성 500여 명을 포로로 잡아 왔고, 그들에게 납치되었던 고구려 백성 1만여 명을 구출해 냈습니다. 또한 숙신족으로부터 고구려에 해마다 조공을 바치기로 약속을 받았습니다._{398년}

그리고 400년에는 신라를 침략한 왜의 해적 무리를 소탕하기 위해, 광개토 대왕은 4만의 군사를 보내 도움을 주었습니다. 이때 고구려군은 왜의 군사들을 신라 땅에서 내쫓은 것은 물론, 가야까지 도망친 왜의 뒤를 쫓아 궤멸시켰지요.

그야말로 고구려군은 천하무적이었지요. 여기에는 그만한 이유가 있었어요. 우선 고구려 사람들은 평상시에는 사냥으로 전투 능력을 키웠습니다. 소수림왕은 사냥을 적극 장려하기도 했어요. 뿐만 아

▲ 광개토 대왕

광개토 대왕을 더 알고 싶어요!

광개토 대왕은 '영락'이라는 연호를 사용했어요. 연호란 햇수를 셀 때 해에 붙이는 이름이에요. 과거에는 새로운 왕이 등장할 때 연호를 바꾸었지요. 연호를 사용한다는 건 고구려가 어엿한 독립 국가라는 뜻이지요. 보통 힘없는 나라들은 큰 나라의 연호를 빌려 쓰거든요. 광개토 대왕은 또 평양에 9개의 절을 지어 불교를 융성케 했어요. 국립 교육 기관인 태학을 활성화시켜 인재를 양성하기도 했답니다.

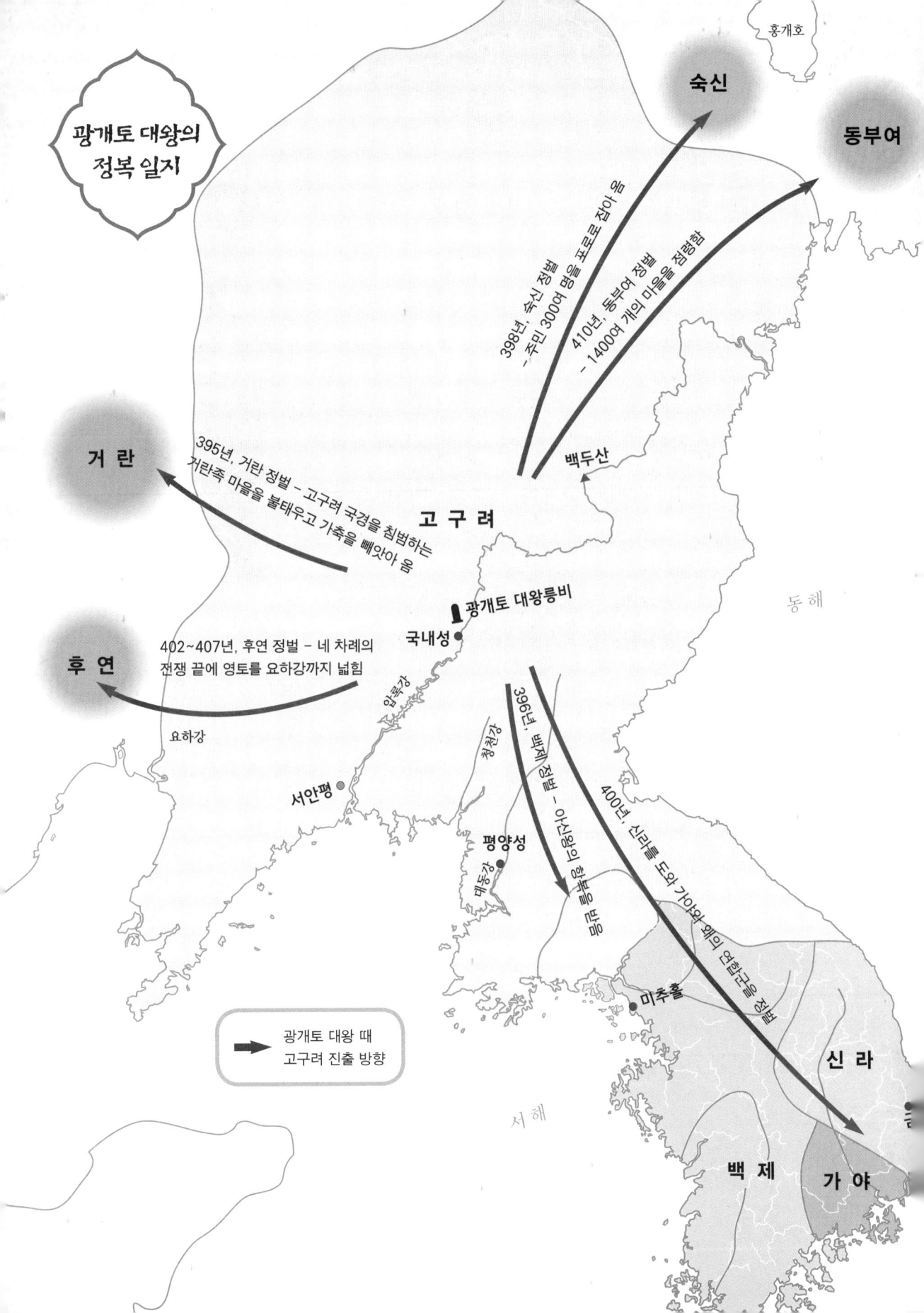

광개토 대왕의
정복 일지

홍개호

숙신

동부여

백두산

고 구 려

거 란

395년, 거란 정벌 – 고구려 국경을 침범하는
거란족 마을을 불태우고 가축을 빼앗아 옴

398년, 숙신 정벌
– 주민 300여 명을 포로로 잡아 옴

410년, 동부여 정벌
– 1400여 개의 미을 을 점령함

광개토 대왕릉비

국내성

동 해

후 연

402~407년, 후연 정벌 – 네 차례의
전쟁 끝에 영토를 요하강까지 넓힘

압록강

청천강

396년, 백제 정벌 – 아신왕의 항복을 받아 냄

400년, 신라를 도와 가야와 왜의 연합군을 정벌

요하강

서안평

평양성

대동강

미추홀

신 라

광개토 대왕 때
고구려 진출 방향

서 해

백 제

가 야

니라 쇠를 다루는 대장장이나 무기를 만드는 기술자를 우대하여 주위의 여러 나라보다 성능 좋고 다양한 무기를 만들 수 있었습니다. 그중 하나가 쇠뿔을 이어 만들었다는 '맥궁'이었어요. 맥궁은 다른 나라 병사들도 혀를 내두를 만큼 활채의 탄력이 아주 좋아서 파괴력이 엄청났지요. 웬만한 갑옷은 픽픽 뚫었으니까요. 물론 화살촉도 단순히 뾰족한 것부터, 적에게 치명적인 상처를 줄 수 있는 도끼날 모양의 것까지 다양하게 갖추어져 있었습니다. 뿐만 아니라 고구려 병사들은 말을 달리며 뒤로 돌아서 화살을 쏘는 등 말과 활을 다루는 솜씨가 일품이었습니다.

　여기에 더하여 광개토 대왕의 전략과 전술 또한 뛰어났습니다. 광개토 대왕은 군사를 그 능력과 효율에 따라 보병과 기병, 궁수는 물론, 철갑 기병 부대 등으로

▲ 맥궁(모형)

편성하여 전투력을 극대화했답니다. 특히 고구려 군사의 위용을 자랑하던 철갑 기병은 온몸을 미늘 갑옷으로 감싼 채 전투에 나섰어요. 쇠로 만든 투구를 썼고, 신발 바닥에도 날카로운 쇠못을 붙였지요. 물론 말에게도 투구와 갑옷을 입혀 상처가 나지 않도록 했고요. 이들은 전투 때마다 가장 앞에 서서 긴 창을 들고 적진을 허물며 전투를 이끌었습니다.

이 막강한 군사를 이끌고 광개토 대왕은 북쪽에서 일어난 후연마저 격파

▲ 광개토 대왕릉비의 탁본

광개토 대왕릉비
광개토 대왕의 무덤에 세워진 이 거대한 비석의 이름 속에는 왕의 업적이 잘 드러나 있어요. 광개토 대왕릉비의 정식 이름은 '국강상 광개토경 평안 호태왕릉비'입니다. 이때 '국강'은 도성의 언덕이라는 뜻이고, '광개토경'은 영토를 크게 넓혔다는 의미이며, '평안'은 백성을 평안하게 했다는 뜻, 그리고 '호태왕'은 왕을 높여 부르는 존칭이에요.

하고, 마침내 요서 지방까지 손에 넣었습니다.
이어 동부여로 진격해 64개의 성과 1400여 개
의 마을도 빼앗았습니다. 이렇게 약 20여 년을
전쟁터에서 살면서, 광개토 대왕은 영토를 혼춘
동쪽, 요하강 서쪽, 한강 남쪽, 흑룡강 북쪽까지 넓혔습
니다.

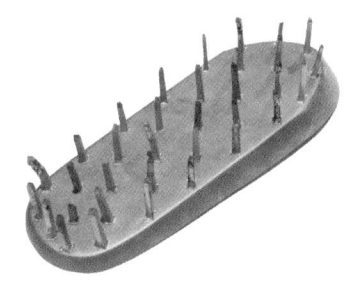

▲ 고구려와 백제 기병의 신발은 이처럼 바닥에 못이 박혀 있어요. 벽화 속 병사들도 이 신을 신은 모습이지요. 그런데 이런 신발을 신고 도대체 어떻게 말을 타고 싸움을 했을까요? 실제로 전투 중에 이 신을 신었다기보다는, 무사를 상징하는 상징품으로 가지고 있었을 거라고 짐작되지요.

장수왕의 평양 천도 광개토 대왕의 뒤를 이어 즉위한 장수
왕은 중국의 여러 나라들과 발 빠르게 외교 관계를 맺어 군사적
인 충돌을 피했습니다. 그렇게 하여 북쪽 국경이 안정되자 남쪽
으로 시선을 돌렸죠.

427년, 장수왕은 평양으로 도읍을 옮겼습니다. 평양은 우선
국내성보다 날씨가 따뜻하고 대동강을 끼고 있어 곡식이 풍부
했습니다. 뿐만 아니라 국내성을 기반으로 하고 있던 귀족들을
따돌릴 수가 있어서 왕권이 강화되었지요.

그런데 이러한 고구려의 움직임에 위협을 느낀 백제와 신라
가 동맹을 맺고 맞서려 했습니다. 장수왕은 곧 군사를 일으켜
백제를 공략하기로 마음먹었습니다. 그런데 이때 도림이라는
승려가 찾아와 아뢰었지요.

"폐하! 백제와 정면충돌하면 고구려의 군사도 큰 피해를 입
을 것입니다. 제가 백제로 가서 백제왕의 마음을 흐려 놓을 테

▲ 평양성. 고구려는 장수왕 때 도읍을 국내성에서 평양성으로 옮겼어요.

니, 그때 공격해도 늦지 않을 것
입니다."

장수왕은 도림의 뜻을 받아들
여, 그를 백제로 보냈습니다.

승려 도림은 남다른 바둑 솜씨
로 백제 개로왕의 마음을 사로잡
았습니다. 도림은 때때로 궁궐을
드나들며, 개로왕의 마음을 들썩
여 놓았습니다.

"폐하, 지금의 궁궐은 왕께서
머물기에 터무니없이 작지 않사
옵니까. 궁궐을 크게 지어 폐하
와 나라의 위엄을 보이소서."

그 말에 솔깃한 개로왕은 궁궐
을 다시 짓도록 명령을 내리고 백성들을 강제로 공사에 동원했
지요. 결국 나라의 재정이 바닥났고, 백성들의 원성이 하늘을 찔
렀습니다.

백성들의 마음이 왕에게서 떠난 것을 눈치챈 도림은 즉시 장
수왕에게 그 사실을 알렸습니다.

"폐하! 지금 군사를 일으키면 능히 백제를 물리칠 수 있사옵
니다."

이에 장수왕은 3만의 군사를 이끌고 백제를 공격했습니다.

고구려군은 성난 파도처럼 국경을 넘어 순식간에 백제의 도성을 포위했습니다. 이미 사기가 떨어진 백제군은 힘 한번 제대로 써 보지 못했고, 고구려군은 마침내 미처 피하지 못한 개로왕을 붙잡아 목을 베었습니다. 이어 고구려 군사들은 멈추지 않고 한강을 건너 수백 리를 더 진격했습니다. 그리고 중원 땅_{충북 충주}에 '중원고구려비'를 세웠습니다.

이로써 백제는 수도를 웅진으로 옮겨야 했습니다. 고구려는 중국 남조로 접근하던 백제와 왜의 서해 길목을 차단해 해상권까지도 장악하게 되지요.

▲ 중원고구려비

수나라와의 전쟁, 살수 대첩 ◉ 고구려는 장수왕 때 최고의 전성기를 맞고, 문자명왕 _{21대, 장수왕의 손자} 때까지 그 전성 시대를 이어 갔지만, 문자명왕이 세상을 떠나자 차차 세력이 기울었습니다. 무엇보다 왕권이 약해지면서 귀족들의 권력 다툼이 심해졌고, 그러는 사이에 백제와 신라의 연합군이 한강 유역을 다시 차지해 버렸습니다. _{551년}

그러나 진짜 큰 위기는 그다음이었습니다.

589년, 중국 땅을 수나라가 통일했습니다. 수나라 황제 문제는 곧 고구려에 '예의를 갖추고 수나라에 굴복하라'는 서신을 보내 왔어요. 하지만 고구려의 영양왕 26대 은 오히려 말갈족 군사를 이끌고 수나라를 먼저 공격했지요. 물론 수나라도 맞대응하여 30만 대군으로 공격을 시도했지만, 장마와 전염병으로 변변한 싸움 한번 해 보지 못하고 군사를 되돌려야 했어요. 물론, 그렇다고 수나라가 고구려 정벌의 꿈을 버린 것은 아니었습니다.

▲ 고구려군 행렬도(안악 3호분 벽화)

612년, 이번에는 수나라의 2대 황제 양제가 무려 113만의 대군을 이끌고 직접 고구려를 침략했습니다.

고구려군은 우선 요동성에서 적을 막았습니다. 수나라군은 운제와 화차, 소차, 충차와 같은 신무기를 동원해 공격했지요. 하지만 성은 쉽게 무너지지 않았어요. 성벽이 워낙 견고한데다, 고구려군이 재빨리 적을 공격하고 후퇴하는 방식의 작전이나 거짓 항복으로 혼란을 주는 전술을 써서 수나라군을 막아 냈기 때문이에요.

그러자 양제는 생각을 바꾸었습니다.

"요동성을 포기하고, 30만 5000의 별동대를 보내 평양성을 함락시켜라!"

이윽고 우문술과 우중문이 이끄는 별동대가 꾸려졌습니다. 그들은 요동성을 돌아 순식간에 압록수압록강에 이르렀습니다. 고구려의 장수 을지문덕은 이들의 작전을 눈치챘습니다. 그리고 수나라 별동대가 압록수 앞에 이르렀을 때, 거짓으로 항복을 하고 적진으로 들어갔습니다. 수나라군의 상황을 직접 염탐하기 위해서였지요. 수나라군은 무리한 행군으로 몹시 지쳐 있었습니다. 게다가 식량이 모자라 병사들 대부분이 굶주려 있었어요. 이를 간파한 을지문덕은, 청야 작전을 쓰기로 하고 수나라 별동대를 평양성 쪽으로 유인했습니다.

청야 작전이 뭐데요?
청야란 들판을 모두 비운다는 뜻인데, 적군이 행군하는 길목의 모든 마을에 먹을 것을 하나도 남김없이 없애 버리고 우물까지 메워 버리는 거예요.

수나라의 공격로

고구려의 성은 어떻게 쌓았어요?

고구려의 성은 매우 견고했어요. 평지에는 주로 토성을, 산간 지대에는 석성을 쌓았는데, 특히 석성은 돌을 쐐기 모양으로 깎아 안과 밖에서 엇갈리게 맞추어 쌓았어요. 이럴 경우 톱니바퀴처럼 맞물리게 되어 있어 충격이 가해질수록 더욱 단단해져요. 또한 위로 올라갈수록 조금씩 안쪽으로 들여 쌓아서 웬만한 충격에도 무너지지 않았습니다.

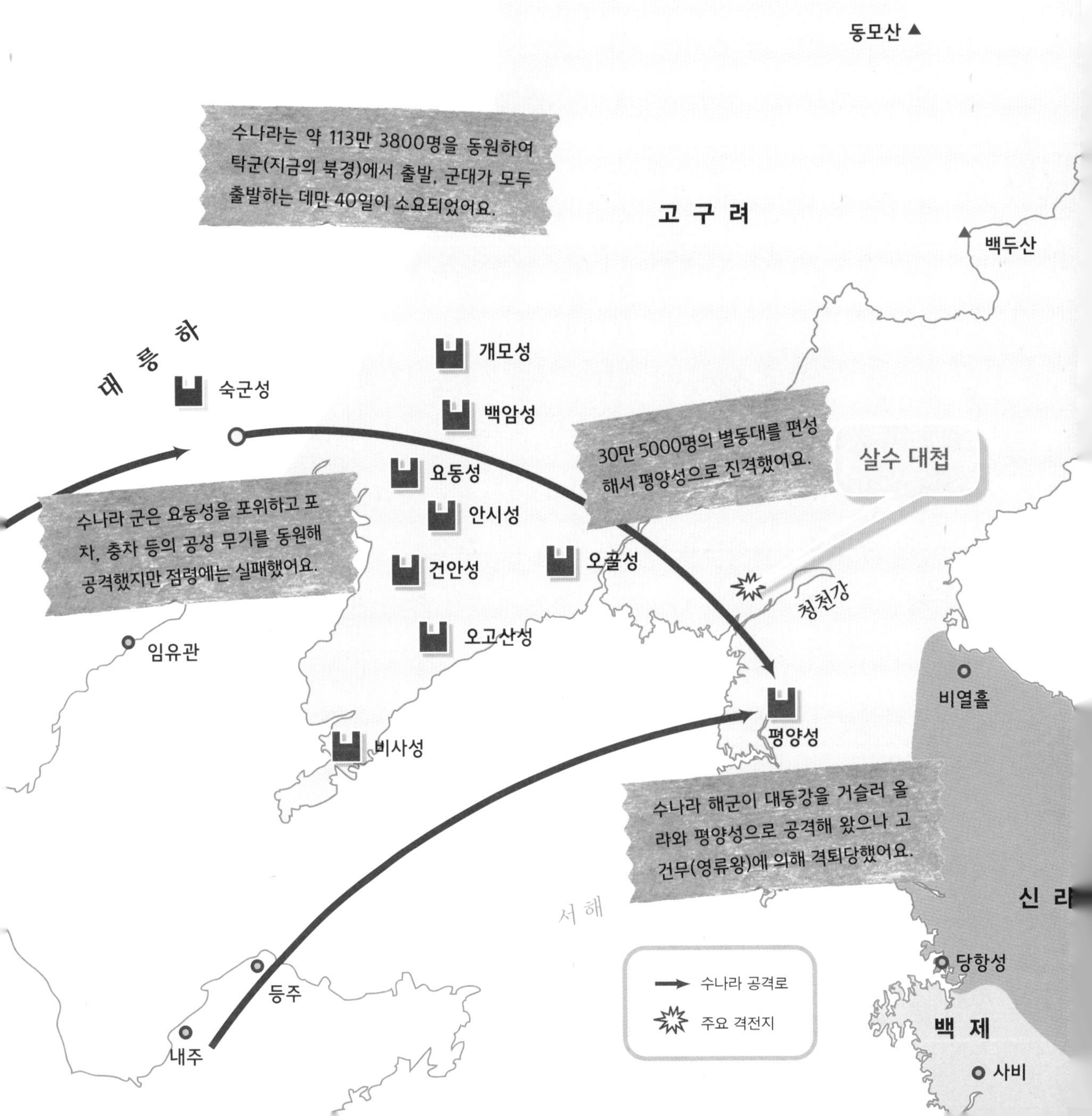

동모산
수나라는 약 113만 3800명을 동원하여 탁군(지금의 북경)에서 출발, 군대가 모두 출발하는 데만 40일이 소요되었어요.
고 구 려
백두산
대 릉 하
숙군성
개모성
백암성
30만 5000명의 별동대를 편성해서 평양성으로 진격했어요.
살수 대첩
요동성
안시성
수나라 군은 요동성을 포위하고 포차, 충차 등의 공성 무기를 동원해 공격했지만 점령에는 실패했어요.
건안성
오골성
청천강
임유관
오고산성
비열홀
평양성
비사성
수나라 해군이 대동강을 거슬러 올라와 평양성으로 공격해 왔으나 고건무(영류왕)에 의해 격퇴당했어요.
서해
신 라
당항성
등주
수나라 공격로
주요 격전지
백 제
내주
사비

고구려군은 평양성으로 달아나면서 하루에도 일곱 번씩 져 주었습니다. 이에 자신들이 이기고 있다고 착각한 수나라 별동대는 쉬지도 않고 평양성 앞 30리 지점까지 다다랐지요.

물론 이즈음 수나라 병사들은 쉼없는 행군과 배고픔에 지쳐 사기가 말이 아니었습니다.

바로 이때, 을지문덕은 수나라 장수 우문술에게 한 통의 편지를 보냈습니다.

▲ 을지문덕 장군

아, 그대의 신기한 전략과 전술은

천문지리에 통달했구나

싸움마다 이겨서 그 공이 높으니

이제 만족하고 돌아감이 어떨까

편지를 받은 우문술은 자신이 속았음을 뒤늦게 깨닫고 후퇴 명령을 내렸습니다.

그러나 이들을 그냥 돌려보낼 을지문덕이 아니었습니다. 을지문덕은 이들을 살수 청천강 쪽으로 몰아 추격했습니다. 을지문덕은 미리부터 살수의 상류를 막아 놓고 기다리고 있었던 거예요. 과연 적군의 절반 이상이 살수에 들어섰을 때, 을지문덕은 둑을 터뜨리도록 명령을 내렸지요. 동시에 고구려군의 총공격

이 시작되었습니다. 수나라 병사들 절반이 물에 빠져 죽었고, 강
가로 올라온 병사들은 고구려군의 활과 창에 목숨을 잃었습니
다. 결국 수나라 별동대 30만 5000명 중에서 살아 돌아간 병사
는 고작 2700명에 불과했습니다.

이 전투를 살수 대첩이라 불렀습니다. 612년

당나라와의 전쟁, 안시성 전투 🌀 고구려와의 싸움에서 크게 패한 수나라는 결국 멸망하고, 더 강한 당나라가 들어섰습니다. 이들도 수나라처럼 고구려를 칠 기회를 노렸지요. 그런 당나라의 속마음을 간파한 고구려 조정은 온건파와 강경파로 나뉘어 팽팽하게 맞섰습니다.

"거듭된 전쟁으로 나라가 피폐해져 있습니다. 당분간 싸움을 피하고 당나라에 사절을 보내 좋은 관계를 유지해야 합니다."

"아닙니다. 놈들에게 머리를 조아릴 수는 없습니다. 국경 지대에 천리장성을 쌓아 당나라의 침략에 대비해야 합니다."

이에 영류왕 27대은 한편으로는 온건파를 지지하면서, 또 한편으로는 연개소문을 내세워 천리장성을 쌓게 했습니다. 하지만 여기에는 온건파의 음모가 도사리고 있었어요. 강경파의 우두머리 격인 연개소문을 변방으로 내쫓고 심지어 제거할 뜻을 품고

연개소문은 어떤 사람이 에요?

연개소문은 영류왕이 수나라 포로를 되돌려 주고 조공을 하는 등 당나라에 저자세로 일관하자 이를 못마땅하게 여겼어요. 그는 고구려가 천하의 중심이라는 생각을 갖고 있던 터라 당나라에 맞서 싸워야 한다는 생각을 갖고 있었지요. 영류왕은 이런 연개소문을 없애려 했고, 이를 눈치챈 연개소문은 한발 빨리 움직였습니다. 장안성 앞에서 대대적인 군사 사열식을 핑계로 왕과 귀족들을 유인해 모두 제거해 버린 것입니다.

있었으니까요.

이런 사실을 눈치챈 연개소문은 오히려 먼저 영류왕을 살해하고 왕의 조카를 새로운 왕보장왕으로 내세웠지요. 그리고 스스로 최고 벼슬자리인 대막리지에 올랐습니다.

이때 당나라 태종은 엉뚱하게도 왕을 시해한 연개소문을 벌하겠다는 핑계를 내세워 고구려를 침략했습니다. 그들은 백암성과 비사성을 무너뜨리고 수나라와의 전쟁 때도 무너지지 않았던 요동성마저 불태웠습니다. 고구려 조정에서는 15만 명의 군사를 보내 지원했지만 이들마저도 당나라군의 계략에 걸려 패하고 말았습니다.

이제 남은 건 안시성뿐이었습니다. 안시성은 평양성으로 향하는 길목인데다가 해안과 바다로 진출하는 요충지였지요. 고구려 병사들은 안시성에서 최후를 맞기로 결심하고 배수진을 쳤습니다. 이에 당나라군은 수나라의 침략 때보다 더 강력해진 공성 무기성을 공격하는 데 쓰는 무기를 앞세워 안시성을 공격했습니다. 하지만 안시성은 높은 곳에 위치해 있는데다가 고구려군의 철통같은 방어로 흔들리지 않았습니다. 이에 당 태종은 묘안을 짜냈습니다.

"안시성 앞에 그보다 높은 토산을 쌓아라. 더 높은 곳에서 내

▲ 백암성

당나라의
공격로

천리장성 축조
631~647

동모산 ▲

고 구 려

백두산 ▲

당군의 침공로
고구려의 항전
격전지
고구려의 성
당시 주요 도시

신성
남소성
통정진
현도성
개모성
목저성
요동성
백암성
가물성
국내성
회원진
안시성
오골성
영주
박작성
안시성 전투
645
건안성
선성산성
임유관
오고산성
평양성
비열홀
득리사산성
당항성
서 해
비사성
동주
내주
사비

려다보면서 공격하면 틀림없이 승산이 있을 것이다!"

당나라 군사들은 그 명령에 따라 60여 일에 걸쳐서 안시성과 엇비슷한 높이의 토산을 쌓는 데 성공했습니다. 이어 공격을 개시했습니다. 하지만 서둘러 쌓은 탓에 토산의 일부가 무너져 내렸습니다. 이 틈을 타서 고구려군이 오히려 토산을 점령해 버렸습니다. 그리고 당나라군을 거세게 밀어부쳤습니다.

안시성을 지킨 장수는 누구예요?
안시성 성주가 누구인지는 알려져 있지 않습니다. 다만 박지원이 『열하일기』에 성주의 이름은 양만춘이었다고 기록하고 있지요.

결국 번번한 공격 한번 못 해 보고 겨울이 찾아왔습니다. 당나라군은 후퇴하지 않을 수 없었습니다. 먹을 것도 떨어진 데다가 병사들의 사기가 말이 아니었던 것이지요.

마침내 당 태종은 안시성을 지킨 장수에게 비단 100필을 선물로 주고 당나라로 되돌아갔습니다. 그리고 아들에게 다시는 고구려를 치지 말 것을 유언으로 남겼습니다. 645년

신라, 삼국 시대 한반도의 마지막 주인이 되다

진흥왕의 영토 확장 🌸 법흥왕의 뒤를 이어 왕위에 오른 진흥왕은 영토 확장에 눈을 돌렸습니다. 아무래도 나라가 더 크게 발전하려면 보다 넓은 땅과 백성들이 필요했기 때문입니다. 그리하여 진흥왕은 백제의 성왕이 '함께 고구려를 공격해 한강 유역을 빼앗자'는 제안을 해 오자 흔쾌히 받아들였습니다.

곧 두 나라의 연합군은, 마침 왕위 계승 문제로 혼란에 빠져 있던 고구려를 공격해 백제가 한강 하류 쪽을, 신라가 한강 상류 쪽을 차지할 수 있었습니다. 하지만 진흥왕은 백제가 차지한 한강 하류 쪽마저 탐이 났습니다.

'만약 한강 유역을 모두 차지할 수 있다면, 비옥한 땅과 곡식을 얻는 것은 물론 곧장 바다로 나갈 수 있는 길이 열릴 것 아니겠는가? 그렇다면 중국 땅 여러 나라와도 교류할 수 있고, 이는 신라에 얼마나 큰 이익인가?'

고심한 끝에 진흥왕은 신라군을 보내 한강의 백제군을 공격하게 했습니다. 이 전투에서 신라는 김무력 김유신의 할아버지 장군의 큰 활약으로 한강의 하류마저 손에 넣었습니다. 백제의 성왕은 이에 앙갚음하기 위해 관

나·제 동맹

국제 무대에서 신라는 아직 힘이 부족했어요. 특히 왜나라의 공격에 속수무책이었습니다. 이때 내물왕은 고구려에 도움을 청해 왜를 물리쳐야 했어요.(400년) 그런 탓에 왕족을 고구려에 볼모(인질)로 맡겨야 하는 수치도 겪어야 했습니다. 하지만 눌지왕(내물왕의 아들, 19대 왕)은 백제와 동맹을 맺고 고구려에 맞섰습니다. 이 동맹을 '나·제 동맹'이라고 불렀지요.(433년) 이때부터 백제는 신라를 돕고, 신라는 백제를 도와 고구려와 맞섰습니다. 그러나 진흥왕이 군사를 보내 백제와 함께 빼앗은 한강 유역을 독차지함으로써 나·제 동맹은 막을 내리지요.

▲ 백제와 신라의 경계였다고 추정되는 나·제 통문(현재 무주군 설천면 소재).

▲ 북한산 진흥왕 순수비

산성충북 옥천을 공격하는 등 뒤늦게 손을 썼지만, 김무력 장군에게 붙잡혀 죽임을 당하고 말았지요. 이로써 신라가 세 번째로 한강의 주인이 되었습니다.

하지만 진흥왕은 여기에 만족하지 않았습니다. 대가야를 공격해 낙동강 유역 거의 전부를 손에 넣었고, 그 여세를 몰아 동해안을 따라 영흥만까지 진출하여 옛 동예의 땅까지 손에 넣었습니다.

자신감에 찬 진흥왕은 자신이 정복한 지역을 직접 돌아다니며 비를 세웠습니다. 북한산비, 마운령비, 황초령비, 창령비 등 모두 네 곳이었지요. 이 비를 '진흥왕 순수비'라고 불렀습니다. 북한산비에는, '신하와 백성 들의 수고를 격려하고, 충성된 자들에게 상을 내리고자 친히 돌아보노라'라고 썼고, 황초령비에는 '내가 따로 정복한 지역의 사람들도 원래 신라 사람들과 똑같이 대우하겠노라'라고 썼습니다. 나라를 더욱 강성하게 만들겠다는 진흥왕의 노력은 여기에서 그치지 않았습니다.

'땅은 넓혔으나, 나라를 다스릴 지혜로운 신하와 용맹하게 적과 싸울 장수가 부족하구나. 어찌하면 좋을까?'

그런 생각 끝에 진흥왕은 지혜와 학식, 그리고 튼튼한 체력을 갖춘 젊은이들을 뽑아 수련을 시키기로 했어요. 이전부터 신라

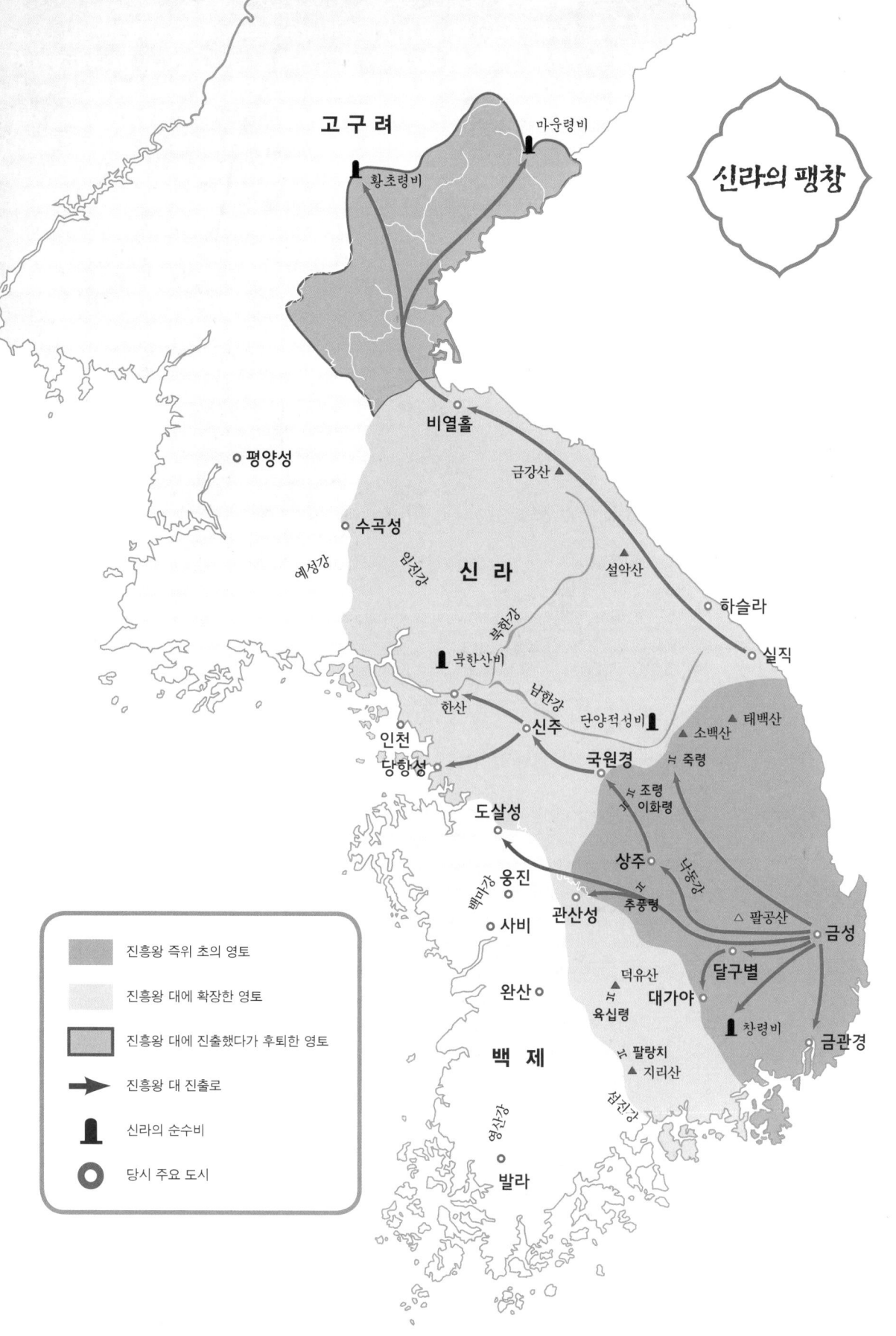

신라의 팽창

고구려

마운령비
황초령비

신라

평양성

수곡성

예성강
임진강

금강산
설악산

북한강

하슬라

실직

북한산비

남한강

단양적성비

태백산
소백산

한산

신주

국원경

죽령

인천

당항성

조령
이화령

도살성

웅진

상주

나동강

추풍령

팔공산

사비

관산성

금성

완산

덕유산
육십령

대가야

달구벌

창령비

백제

팔랑치
지리산

금관경

영산강

섬진강

발라

	진흥왕 즉위 초의 영토
	진흥왕 대에 확장한 영토
	진흥왕 대에 진출했다가 후퇴한 영토
➜	진흥왕 대 진출로
	신라의 순수비
○	당시 주요 도시

에는 청년들이 산과 계곡을 누비며 심신을 수련하는 풍습이 있던 터였어요. 이것을 본떠 진흥왕은 우두머리를 정하고, 그 아래에 청년들을 모이게 하여 무예를 연마하고 학문을 익히게 했지요. 이 단체를 화랑도라 불렀습니다.

화랑의 활약 ☼ 화랑도의 젊은이들은 화랑과 낭도로 나뉘었어요. 화랑은 진골 귀족 출신 중에서 선출되었고, 낭도가 되는 데에는 신분의 제약이 없었습니다. 화랑은 그 아래에 수십, 수백 명의 낭도를 두어 한 무리를 이루었어요. 이 무리들은 산천을 누비며 학문과 무예는 물론 춤과 노래를 배우기도 했습니다.

화랑에게는 지켜야 할 다섯 가지 규율이 있었지요. 충성으로 임금을 섬길 것, 어버이에게 효도할 것, 신의로써 벗을 사귈 것, 전쟁에서는 물러나지 말 것, 살생은 가려서 할 것 등이었는데, 이를 '세속오계'라고 불렀습니다.

이미 진흥왕 때부터 화랑들의 활약이 두드러졌습니다.

사다함은 이사부 장군이 가야를 정벌할 때 고작 17세의 나이로 전투에 참여했어요. 이때 이사부 장군은 사다함의 나이가 어리다는 이유로 전쟁터에 데리고 나가려 하지 않았지요. 하지만 사다함은 끝끝내 고집을 부렸고, 어쩔 수 없이 이사부 장군은 그에게 '비장'의 직책을 주고 따르게 했습니다. 이에 사다함은 자신을 따르는 낭도들과 함께 앞장서서 가야군을 무찔렀습니다.

조정에서는 그의 공을 높이 사서 가야 사람 300명을 노비로 주었지요. 하지만 사다함은 노비를 모두 풀어 주고 상으로 내린 토지도 받지 않았어요. 그럼으로써 화랑의 모범이 되었습니다.

반굴과 관창은 훗날 백제와의 전쟁, 황산벌 전투 때 각각 홀로 적진에 뛰어들었어요. 비록 살아남지는 못했지만 그들의 희생에 사기를 되찾은 신라군들은 계백이 이끄는 백제군을 물리칠 수 있었답니다. 그 이후에는 원술랑 김유신의 아들이 당나라와의 전투에 큰 공을 세우기도 했습니다. 화랑은 이렇게 전쟁터에 나가서 큰 공을 세웠고, 나라의 지혜로운 신하가 되어 신라가 삼국 통일을 이루는 데 큰 밑거름이 되었습니다.

최초의 여왕 선덕과 골품 제도 ❀ 진흥왕이 죽고 즉위한 진지왕은 3년 만에 왕위에서 물러나고 진평왕 26대이 그 뒤를 이었습니다. 진평왕은 진흥왕이 백제로부터 빼앗은 한강 하류의 뱃길을 통해 당나라에 많은 유학생들을 보냈습니다. 당나라의 발달된 학문과 기술을 배워 오게 할 참이었지요. 이런 노력 때문에 신라는 평화로운 가운데 발전을 거듭할 수 있었습니다.

하지만 진평왕에게는 아주 큰 고민거리가 있었습니다. 그 뒤를 이을 왕자가 없었던 것이에요.

"성골 출신의 남자들은 씨가 말랐으니, 누기 왕위를 잇는단 말인가?"

신라에는 원래 '골품제'라는 독특한 신분 제도가 있었지요.
이 제도에 따라 신라 사람들은 '골'과 '두품'으로 신분이 구분되
어 그 등급에 따라 오를 수 있는 벼슬에도 차이가
있었습니다. 물론 옷의 색깔이나 사는 집의 크기,
또한 혼인이나 장례의 방법과 절차도 신분에 따라
큰 차이를 두었지요.

'골'은 왕족들의 계급으로, 성골과 진골로 나뉘어
져 있었습니다. 성골이었던 진평왕이 세상을 떠나자
신라의 왕족과 귀족들은 왕위 계승 문제를 놓고
다투기 시작했습니다.

"더 이상 성골 남자가 없으니, 진골에

**두품도 벼슬을 지낼 수 있
었나요?**
두품은 모두 6개의 등급으
로 나뉘어져 있었어요. 이
들은 하급 관리까지는 될
수 있었지만, 아무리 능력
이 뛰어나도 장군이나 재
상의 위치에는 오를 수가
없었어요.

서 왕이 나와야 합니다."

"무슨 말씀이오? 성골 남자는 없지만 성골 여자가 있지 않소? 듣자 하니 덕만 공주의 지혜로움은 따를 자가 없더이다."

덕만 공주가 영특하다는 소문은 진작부터 떠돌고 있던 터였습니다.

"덕만 공주가 당나라 태종이 보낸 모란 꽃 그림에 나비가 없자 그 꽃에 향기가 없다는 것을 눈치채고, '이 그림은 내가 여자인 것을 비웃는 것이다'라고 말했다는군."

"뿐만 아니에요. 한번은 영묘사

첨성대
선덕 여왕 때, 별을 관측하기 위해 설치한 것이에요. 하지만 제사를 지내는 데 쓰인 장소라는 설도 있지요. 높이가 9.17m이며, 아랫지름이 4.93m입니다. 꼭대기는 2단으로 되어 있는데, 이곳에 관측 기구를 설치했을 거라고 여기고 있어요.

앞 연못에 개구리의 울음소리가 이상하다면서 군사를 보내라고 해 가 보니 백제군이 숨어 있더랍니다."

이 소문이 사실인지는 확인할 수 없었지만, 마침내 덕만 공주는 신라 왕실의 첫 번째 여왕 선덕 여왕이 되었습니다.

하지만 선덕 여왕에게는 어려움이 많았습니다. 여성이 임금이 되었다는 것에 불만을 품은 귀족들이 많았기 때문이었지요. 이것을 빌미로 비담이라는 재상이 반란을 일으키기도 했고요. 그

황룡사 9층탑
전해지는 이야기에 따르면 황룡사 9층탑은 진지왕의 아들인 용춘이 책임을 맡았습니다. 높이가 약 80m에 이르렀다고 해요. 9층으로 지은 이유는, 주변의 9개 나라가 신라에 항복해 올 것이라는 믿음 때문이었다고 합니다.

래서 왕의 권위를 세우고 불법으로 민심을 수
습하기 위해 황룡사 9층탑을 거대하게 짓기
도 했습니다.

　그럼에도 불구하고 신
라는 선덕 여왕 때에 이
르러 끊임없이 위축되어

▶ 황룡사지와 황룡사 9층탑 모형

갔습니다. 백제의 계속된 공격으로 서쪽 변경의 성 다수를 잃었고, 이어 요충지인 대야성^{경남 합천}까지 빼앗기고 말았습니다. 진흥왕 때 최대의 영토를 차지하며 한반도 주인의 노릇을 했던 신라는 점점 더 위기에 빠지고 있었던 거예요.

신라의 위기와 김춘추의 외교 🌸 신라가 대야성을 잃었을 때, 가장 슬퍼했던 사람은 다름 아닌 김춘추였습니다. 왜냐하면 대야성 성주였던 김품석이 바로 김춘추의 사위였는데, 딸과 함께 백제군에게 살해당했기 때문이지요. 이때 김춘추는 '내가 백제에 원한을 갚지 않으면 장부가 아니다!'라며 복수를 다짐했어요.

김춘추는 어떤 사람이에요?
훗날 태종 무열왕이 되는 김춘추는 진지왕의 손자였어요. 그런데 진지왕이 부도덕한 일을 저지르고 쫓겨나는 바람에 성골에서 진골이 되었지요. 그는 특히 용모가 빼어나서 이웃 나라 일본에서도 그의 용모에 찬사를 보냈다고 해요.

하지만 이즈음 신라는 다른 나라의 도움을 받지 않고서는 백제를 물리칠 힘이 없었습니다. 이에 김춘추는 군사적인 힘을 빌리기 위해 고구려로 향했습니다.

김춘추는 고구려의 실권자였던 연개소문을 만나 백제의 위협에서 벗어날 수 있도록 군대를 내어 달라고 요청했습니다. 그러자 연개소문은 '먼저 한강 유역의 땅을 내놓으라!'며 오히려 김춘추를 윽박질렀습니다. 하지만 어렵게 얻은 땅을 함부로 내줄 수가 없어서 김춘추는 연개소문의 요구를 거절했지요. 화가 난 연개소문은 김춘추를 옥에 가두어 버렸습니다.

이에 당황한 김춘추는 고구려의 신하 선도해를 꾀어 고구려를 빠져나갈 수 있는 방법을 물었습니다.

"혹시 별주부전 이야기를 아십니까? 그 이야기에서 거북이의 꾐에 빠져 용궁에 들어간 토끼는 '간을 육지에 두고 왔다'라면서 가까스로 탈출을 하지요."

선도해의 말에서 힌트를 얻은 김춘추는, 연개소문에게 '나를 신라로 돌려보내 주면, 왕에게 말하여 한강 부근의 땅을 고구려에 돌려주도록 하겠소'라고 거짓으로 말했습니다. 연개소문은 이를 믿고 김춘추를 신라로 돌려보냈습니다.

무사히 신라로 돌아온 김춘추는, 이번에는 아들 법민훗날 문무왕을 데리고 당나라로 떠났습니다. 김춘추는 당나라 태종 앞에 머리를 조아리고 말했습니다.

"신라는 오래도록 당나라에 조공하여 왔는데, 백제가 당나라에 이르는 길을 막고 있으니, 폐하께서 군사를 보내 주셔서 악한 백제인들을 물리쳐 주십시오."

당나라 태종은 김춘추의 간곡한 부탁에 신라와 동맹을 맺기로 결정했습니다. 이후, 신라는 당나라의 지원을 초조하게 기다리면서 당나라의 연호를 빌려 썼고, 관리들은 당나라의 관복을 입었습니다.

아니, 그보다 중요한 건, 삼국 간의 전쟁에 당나라까지 참여하게 되었다는 사실이었어요.

신라 지증왕이 즉위한 지 13년이 되던 512년 6월이었습니다.

"대왕이시여, 동해의 우산국 백성들이 조공으로 토산물을 바치지 않는다 하옵니다."

"뭣이? 이미 우산국은 오래전부터 우리 신라에 특산물을 바치고, 우리 신라는 그들을 보호해 주기로 하지 않았느냐?"

"그렇사옵니다. 하온데, 저들이 아마도 바닷길이 험한 것을 믿고 우리가 그들에게 참견할 수 없을 거라며 얕잡아 보고 있는 모양입니다."

화가 난 지증왕은 이사부 장군을 불러 말했습니다.

"이사부 장군은 들으시오. 장군은 즉시 우산국으로 가서 그곳에 사는 백성들을 일깨워 토산물을 바치도록 하고, 우산국은 이미 신라의 땅임을 알리고 오시오."

왕의 명령에 이사부 장군은 즉시 군사를 이끌고 우산국으로 향했습니다.

과연 우산국(울릉도)은 천연의 요새였습니다. 파도가 거칠어 금방이라도 배가 뒤집힐 듯했습니다. 심한 바람 때문에 육지에 닻을 내리기도 힘들었지요.

육지에 닻을 내리고 난 뒤에도 울릉도 안으로 들어가기는 쉽지 않았습니다. 곳곳마다 가파른 절벽이었고 그나마 이끼 때문에 미끄럽기가 이루 말할 데가 없었습니다. 제대로 된 전투를 치르기가 힘들었던 것이지요.

'안되겠다. 꾀를 써야겠구나.'

그렇게 생각한 이사부 장군은 즉시 부하들에게 명령했습니다.

"여봐라. 지금 즉시 나무를 깎고 다듬어 커다란 사자를 만들도록 하라."

병사들은 명령에 따라 온갖 나무를 구해와 큰 사자를 만들었습니다.

이사부 장군은 그것을 우산국의 해안에 가져다 놓았습니다. 그리고 외쳤어요.

"우산국 백성들은 즉시 항복하라. 만일 항복하지 않으면 이 사자들을 풀어놓아 너희들을 전부 짓밟고야 말리라."

때마침 해안가에는 안개가 자욱했습니다. 그러자 우산국 사람들은
겁을 집어먹었습니다. 얼핏 보니 진짜 사자처럼 보였던 것이에요. 더
구나 사자는 쉴 새 없이 으르렁거리고 있었습니다. 물론 그것도 병사
들의 함성 소리였지만 우산국 백성들은 그 소리를 사자가 울부짖는 소리로 들
었던 것입니다.

우산국 백성들은 스스로 항복하지 않을 수 없었습니다.

"항복하겠소. 사자를 풀어놓지 마시오."

우산국 사람들은 싹싹 빌었습니다.

결국 신라 장군 이사부는 우산
국(울릉도)을 신라 땅에 복속
시켰습니다.

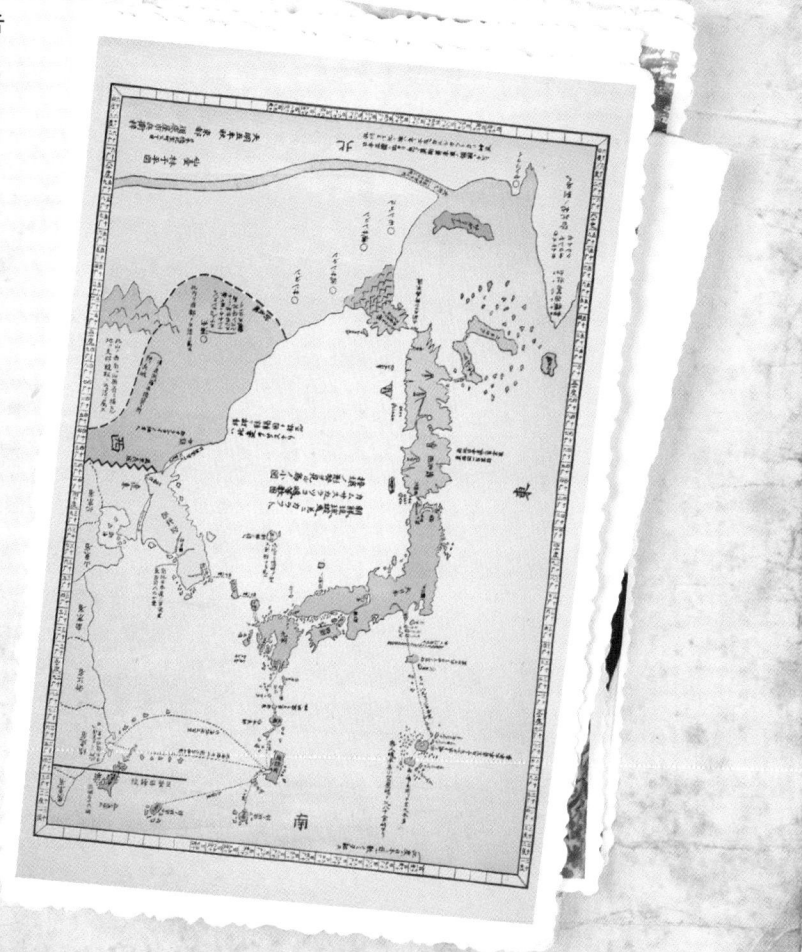

▶ 삼국접양지도. 1785년 일본 실
학자 하야시가 그린 지도로, 울릉
도와 독도가 분명히 조선땅으로 기
록되어 있답니다.

김유신의 꾀

김유신은 김춘추와 가까이 지내며 그와 친분을 쌓아 갔습니다. 김춘추는 할아버지가 왕(진지왕)이었고, 앞으로 경우에 따라서는 임금이 될 수도 있는 인물이었기에 그와 가까워질 필요가 있다고 생각한 것입니다.

김유신은 어느 날, 김춘추를 집으로 초대했습니다. 그리고 축국 놀이를 하며 즐거운 한때를 보냈습니다.

그러다가 어느 순간, 김유신은 김춘추의 옷자락을 슬쩍 밟았습니다. 찌익— 소리가 나며 김춘추의 옷고름이 찢어지고 말았습니다.

"아이쿠! 옷고름이 찢어졌습니다. 꿰매 입으셔야겠습니다."

"아니오. 지금 이것을 어디서 꿰맨단 말이오. 얼른 집으로 돌아가야겠소."

"하하하. 염려 마십시오. 저에게 누이동생이 둘이나 있으니 얼른 꿰매라 이르지요."

그리고 김유신은 두 동생에게 누가 김춘추의 옷고름을 꿰매겠느냐고 물었습니다. 그러자 첫째 동생 보희는 코웃음을 쳤습니다. 대신 둘째 동생 문희가 나섰습니다.

"제가 도와드리겠습니다."

그리고 문희는 벗어 놓은 김춘추의 옷고름을 꿰매 주었습니다. 그리고 이때 두 사람은 서로 한눈에 반해 사랑하는 사이가 되고 말았습니다. 뿐만 아니라 부모의 허락도 없이 몰래 혼인하여 아이까지 갖게 되었습니다.

▲ 김유신 장군 묘

이런 사실을 김유신도 알게 되었습니다. 김유신은 버럭 화를 냈습니다.

"너는 우리 가문에 치욕을 안겼구나. 마땅히 내가 너의 목숨을 거두어 집안의 명예를 지키겠노라."

김유신은 맑은 날, 집 안에 장작더미를 쌓아 놓고 문희를 그 위에 묶어 놓았습니다. 그리고 불을 붙였습니다. 그런데 누가 뿌려 놓았는지 장작더미 속의 젖은 풀이 타들어가면서 흰 연기가 하늘로 피어올랐습니다.

마침 이때 선덕여왕이 그 연기를 보고 신하들에게 자초지종을 물었습니다.

"폐하, 유신의 누이가 부모의 허락 없이 혼인하고 아이를 가졌다 하옵니다. 그래서 유신 공이 누이를 죽이려 한다 하옵니다."

"뭣이! 그렇다면 그 아이의 아비가 누구라더냐?"

"다름 아닌 김춘추라 하옵니다."

그러자 선덕여왕은 김춘추에게 일렀습니다.

"그대의 소행이 사실이라면, 즉시 달려가 유신의 누이를 구하라!"

김춘추는 그길로 달려가 문희를 구했습니다.

이윽고 김춘추와 문희는 혼인을 하게 되었고, 김춘추와 인척이 된 김유신은 왕족이나 다름없는 지위를 갖게 되었습니다.

그러나 김유신은 김춘추와 처남 매부 사이가 되었다고 해서 허세를 부리지 않았습니다. 오히려 그는 앞서서 전쟁터에 뛰어들었고, 나랏일에 조금도 몸을 아끼지 않았습니다.

▶ 김유신 동상

6장 | 삼국의 불교와 문화

생각의 뿌리가 된 불교 문화

불교는 고구려 소수림왕 때, 순도라는 사람이 불상과 불경을 가져와 퍼트리면서 우리나라에 처음 전해졌습니다.372년 이어 백제에는 침류왕 때 승려 마라난타가 처음 전했어요.384년 고구려와 백제에서는 왕실에서 나서서 절과 탑을 짓고, 부처님의 사상을 퍼트렸기 때문에 비교적 빠른 속도로 불교가 전국적으로 퍼질 수 있었습니다.

하지만 신라는 사정이 달랐습니다. 이미 눌지왕417~458 때 묵호자가 은밀히 들어와 부처님의 말씀을 전했지만, 귀족들의 완강한 반대로 불교는 뿌리를 내리지 못하고 있었지요. 이때 이차돈이라는 사람이 법흥왕 앞에 나서서 말했습니다.

"폐하! 소인이 임금님의 명령을 핑계 대고 절을 짓겠사오니, 그때 저를 붙잡아 신하들이 보는 데서 목을 베어 주십시오. 그리하오면 신비한 일이 생길 것이온데, 이후에는 불교의 가르침을 따르지 않을 자가 없을 것이옵니다."

그런 뒤, 이차돈은 하필이면 천경림_{귀족들이 토착신에게 제사를 올리던 숲}으로, 이곳에 사당이 있었다에 절을 짓기 시작했습니다. 이에 귀족들은 이차돈을 잡아 왕에게 끌고 가서 목을 베라고 청했습니다. 하는 수 없이 왕은 명령을 내려 이차돈의 목을 베게 했지요.

그런데 이때 이차돈의 목에서 흰 피가 솟아오르고, 사방이 캄캄해지면서 천둥 번개가 울리더니 하늘에서 꽃비가 내렸습니다. 『삼국유사』는 이런 신비한 조화를 계기로 신라의 왕실이 불교를 받아들일 수 있었다고 전합니다. 572년 곧 법흥왕은 이차돈을 추모하기 위해 자추사라는 절을 지었습니다.

이후 불교는 신라의 통치 이념으로 자리 잡았습니다. 특히 진흥왕은 궁궐을 지을 자리에 대신 황룡사라는 절을 짓고, 자식들의 이름을 불교식으로 짓기도 했습니다. 이후에도 진평왕의 왕비인 '마야' 부인이나, 선덕 여왕의 '선덕'이라는 이름도, 각각 석가모니의 어머니 이름과, 불교 경전에 나오는 이름을 딴 것이었지요.

성왕 때부터 특히 불교를 적극적으로 전파하기 시작한 백제도 무왕 때 이르러 '미륵사'를 짓고, 백제 사람들의 마음을 한곳으로 모아 나라를 다시 일으키려 했습니다.

▲ 이차돈 순교비

불교는 왕과 귀족들에게는 통치 이념으로, 백성들에게는 어려운 일을 당할 때 마음을 의지하는 대상으로 큰 역할을 했습니다.

또한 불교가 자리 잡음으로써 '승려'라는 계급이 새로이 생겨났고, 그들은 불교를 전파하는 일만이 아니라, 학문을 연구하는 학자로, 때때로 외교관의 역할을 하거나 정치에도 참여하는 등 삼국의 발전에 큰 역할을 담당했답니다.

무엇보다 불교는 사찰과 탑, 불상, 종과 같은 풍부한 문화유산을 남겼어요.

▶ 반가사유상.
반가부좌는 두 발 중 한 발만 다리 위에 올리고 앉은 자세를 말하는 거예요. 보살상이 많이 취하는 자세 중 하나이지요. 반가사유상은 앞으로 고개를 약간 숙인 채 무언가를 깊이 생각하고 있는 모습이에요. 온화한 미소가 살아 있는 듯 일품이지요. 왼쪽은 국보 78호 반가사유상이고, 오른쪽은 국보 83호 반가사유상이에요.

일본으로 전해진 삼국의 문화

고구려를 비롯해 백제와 신라는 대륙과 가까웠기 때문에 중국의 다양한 문화를 빨리 접할 수 있었어요. 뿐만 아니라 중국을 통하면 서역 중국의 서쪽 너머에 있는 나라들. 중앙아시아 일대부터 넓게는 이집트와 로마까지 아우르는 지역을 통칭함의 문물까지 받아들일 수 있었죠. 그런 덕분에 삼국은 왜에 비해 한층 발전한 모습을 보이고 있었어요.

그래서 왜는 삼국의 각 나라에 사신을 보내, 우수한 삼국의

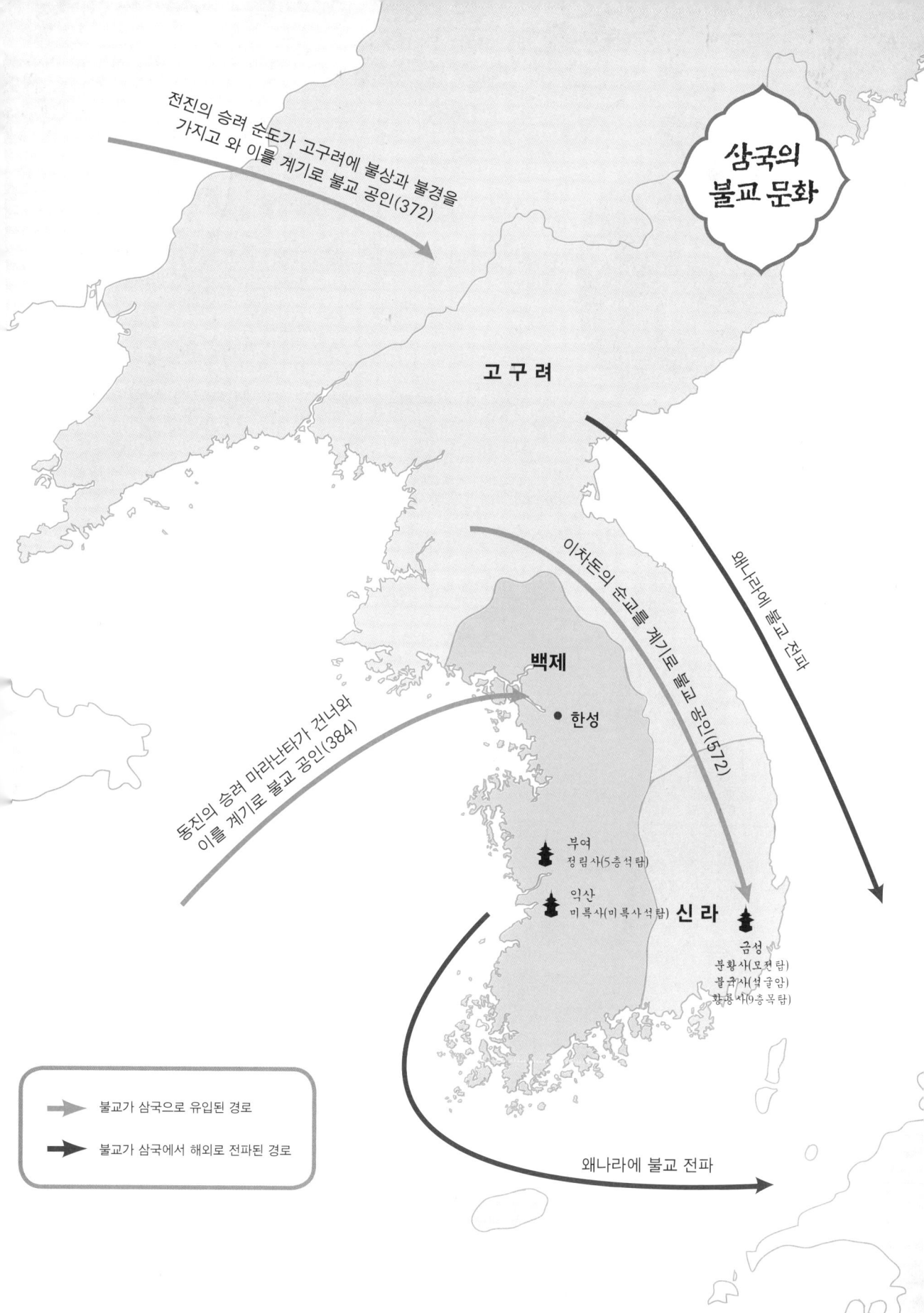

삼국의
불교 문화

전진의 승려 순도가 고구려에 불상과 불경을
가지고 와 이를 계기로 불교 공인(372)

고 구 려

이차돈의 순교를 계기로 불교 공인(572)

왜나라에 불교 전파

백제

● 한성

동진의 승려 마라난타가 건너와
이를 계기로 불교 공인(384)

부여
정림사(5층석탑)

익산
미륵사(미륵사석탑)

신 라

금성
분황사(모전 탑)
불국사(석굴암)
황룡사(9층목탑)

왜나라에 불교 전파

→ 불교가 삼국으로 유입된 경로

→ 불교가 삼국에서 해외로 전파된 경로

▲ 백제 관음상. 백제에서 만들어 일본에 보낸
불상으로 현재 국보로 지정되어 있어요.

문화를 받아들이려 노력했습니다. 왜나라에 가장 큰 영향을 미친 나라는 백제였습니다.

일찍이 근초고왕 때, 아직기가 왜나라로 건너갔습니다. 이때 아직기는 말 두 필과 칼, 그리고 거울을 가지고 갔습니다. 왜왕은 크게 기뻐하며 아직기에게 태자의 학문을 가르치도록 부탁했습니다. 그리고 하루는 왜왕이 아직기를 불러 물었습니다.

"백제에 그대보다 더 훌륭한 학자가 있소?"

"물론입니다. 그중에서도 왕인 박사의 학문이 가장 깊고 뛰어납니다."

"그렇다면 내가 직접 백제의 왕께 사신을 보내 왕인 박사를 청해야겠소."

왕인 박사는 특히 『시경』 『서경』 『역경』 『예기』 『춘추』 등 다섯 가지 경전에 아주 능했어요. 그런 덕분에 '오경 박사'라는 호칭으로 불리기도 했습니다.

왜왕의 부탁에 백제는 왕인을 왜나라로 보냈습니다. 이때 왕인은 『논어』와 『천자문』을 가지고 가서 태자는 물론 귀족과 왕의 신하 들을 직접 가르쳤지요.

▲ 일본의 호류사 금당(아래)과 담징이 그렸다고 전해지는 금당 벽화(위)예요. 금당 벽화는 경주의 석굴암, 중국의 윈강 석굴과 함께 동양의 3대 미술품으로 꼽힐 정도로 유명했지만, 1949년에 불타 버렸다가 그 후 복원되었습니다.

이 외에도 백제는 절이나 불상을 만들 줄 아는 기술자를 보내기도 했고, 스님을 보내 불교 문화를 전파하기도 했습니다. 그런 덕분에 일본에서도 백제의 것과 흡사한 예술품들이 만들어지기도 했지요.

고구려에서 건너간 스님이 왜나라 태자의 스승이 된 적도 있었습니다. 바로 595년에 왜나라로 건너간 혜자 스님이었습니다. 혜자 스님은 일본의 불교를 크게 일으키고, 문화를 발전시킨 쇼토쿠 태자의 스승이 되었습니다.

610년에는 고구려의 화가 담징이 왜나라로 건너갔습니다. 담징은 종이와 먹의 제조법을 왜나라에 전해 주었지요.

"호류사의 금당에 벽화를 그려 주십시오."

왜의 간곡한 청을 받은 담징은, 그러나 자신의 나라 고구려가 수나라와 전쟁을 벌인다는 소식이 들려오자 걱정에 휩싸인 나머지 그림을 그리지 못했지요. 그런데 얼마 후, 고구려가 큰 승리를 거두었다는 소식이 들려오자 기뻐하며 자신의 재능을 다 동원해 벽화를 완성했습니다. 그 그림을 '금당 벽화'라 불렀습니다. 삼국 시대, 백제와 고구려를 중심으로 전해진 한반도의 문화는 특히 일본 아스카 시대의 불교 문화를 꽃피우는 데 큰 영향을 미쳤습니다.

백제 금동 대향로

완벽한 형태로 발굴된 백제 금동 대향로는 높이가
62.5cm, 무게가 11.8kg에 이릅니다. 일반적인 향로보
다 크지요? 크게 뚜껑과 몸체, 받침대 등 세 부분으로
이루어져 있고, 다양한 무늬가 배치되어 있는데, 여
기에는 불교 사상과 도교 사상이 함께 담겨 있다
고 해요. 뚜껑에는 74개의 크고 작은 산봉우리
모양이 표현되어 있는데, 악기를 연주하는 사람
들과 상상 속 동물들이 섬세하게 조각되어 있
어요. 가장 꼭대기에는 봉황새가 한 마리가 올
라앉아 있지요. 몸체는 연꽃잎이 3단으로 배치
되어 있고, 받침대는 용과 구름의 모습을 형상화
하고 있답니다.

용으로 받침을, 연꽃으로 몸통을 표현한 것은 중국 향로
들과 닮은꼴이에요. 백제가 중국의 큰 영향을 받았음을 알
수 있지요. 그렇지만 세세히 들여다보면 섬세한 조형 기술
과 재미있는 상상력에서 백제인만의 개성을 엿볼 수 있
어요.

연가7년이 새겨진 부처

정확한 이름은 연가7년명 금동여래입
상이에요. 학자들은 여기서 '연가'를 고
구려의 연호로 짐작하고 있어요. 불상 전
체의 화려한 금빛이 일품이지요. 몸집은 작은데,
법의를 입고 있는 모습이 우아해요.

분황사탑

신라 시대의 석탑이에요. 돌을 벽돌 모양으로 다듬
어 만든 '모전석탑'이라고 해요. 분황사가 지
어질 때 함께 만들어졌다고 하지만, 여러 번
보수한 흔적이 있어서 원래의 정확한 모양을
가늠하기는 힘들다고 해요. 기단은 한 변이
약 13m 쯤 되고, 기단 위 네 모퉁이에는
각각 사자를 한 마리씩 배치했지요.

정림사지 5층석탑

7세기경에 만들어진 백제의 우아한 석탑이에요. 목탑 모양을 하고 있
으나 돌의 특성을 잘 살렸지요. 삼국 통일 전쟁 당시에 당나라 장수
소정방이 이 탑에, '백제를 정벌한 기념탑'이라는 글귀를 새겨 넣기
도 했어요. 안정감과 균형감각이 돋보이는 탑이랍니다.

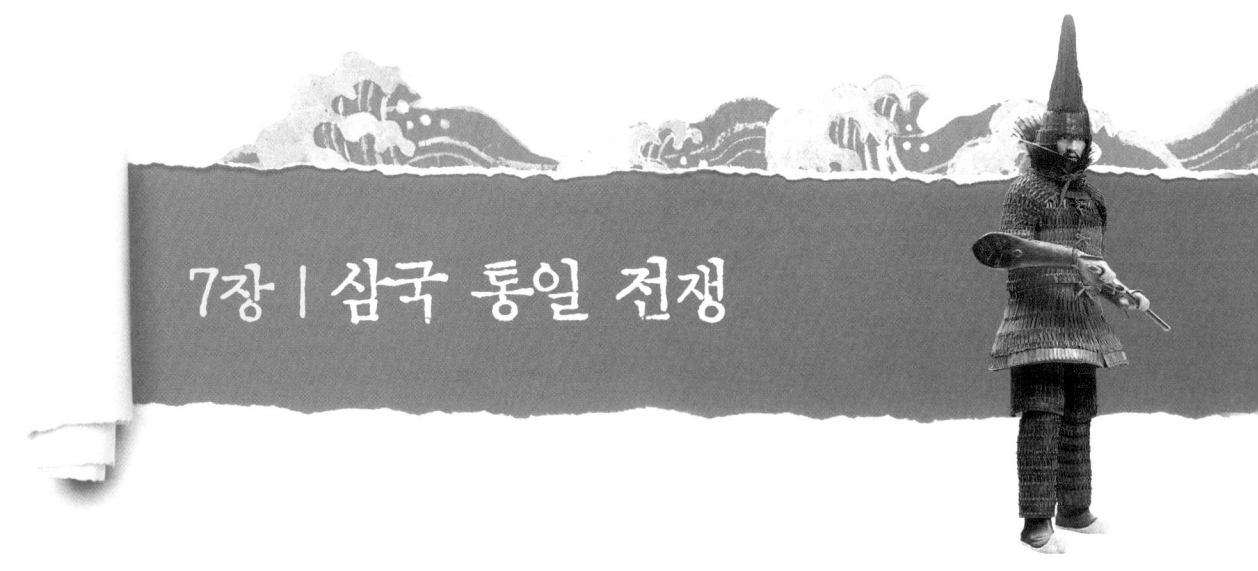

7장 | 삼국 통일 전쟁

해동 증자 의자왕

백제 무왕의 아들로 태어난 의자왕은 효심이 깊고 인정이 많아 '해동의 증자'라는 소리를 들었습니다. 왕위에 오른 뒤에는 신라의 성 300여 개를 빼앗을 만큼 용맹한 군주로 이름을 떨치기도 했지요. 특히 장수 윤충을 보내 신라로 향하는 길목인 대야성을 공격해 함락시키기도 했습니다. 이로 인해 신라는 풍전등화의 위태한 지경에 이르고 말았지요.

하지만 왕위에 오른 지 15년이 지나면서 의자왕은 태자궁을 크게 짓는 등 국력을 낭비하기 시작했고, 또한 술과 춤에 빠져 사는 날이 많아졌습니다.

이에 흥수와 윤충과 같은 여러 충신들이 나라의 기틀을 바로 잡으라고 간언했지만, 의자왕은 오히려 그들을 감옥으로 보내고 방탕한 시간을 보냈습니다.

바로 이 무렵인 660년 봄, 신라에서는 김춘추가 왕위_{태종 무열왕}에 오른 지 6년이 지났을 때였습니다. 김춘추의 노력으로 당나라는 마침내 백제에 군대를 보내기로 결정했습니다. 소정방을 앞세운 당나라의 13만 대군은 서해에 상륙했습니다. 그리고 때에 맞추어 신라도 김유신을 앞세워 백제를 향해 출정했습니다.

뒤늦게 전쟁 준비에 소홀함을 깨달은 의자왕은 여러 신하를 불러 백제를 구할 의견을 물었습니다. 옥에 갇혀 있던 충신 흥수에게도 적을 막아 낼 방도를 내놓으라고 말했습니다.

"육군은 탄현에서 막고, 수군은 기벌포에서 막으소서."

▲ 태종 무열왕

▼ 삼충사(입구). 백제의 충신 계백, 성충, 흥수의 위패를 모신 사당이에요.

탄현은 골짜기여서 기습을 하기에 좋았고, 기벌포는 갯벌이어서 당나라군이 쉽게 이동할 수 없기 때문이었죠. 하지만 신하들이 서로의 의견을 달리하여 흥수의 의견은 받아들여지지 않았습니다. 그를 감옥으로 보내는 데 앞장섰던 신하들이 흥수를 시기했기 때문이지요.

백제 멸망의 기운

이런 일을 앞뒤로, 백제 도성 안팎에 이상한 일이 벌어졌습니다.

"백여우가 임금님의 밥상 앞에 앉았다면서?"

"세상에! 난 암탉이 참새 소리를 내는 것을 봤다네. 도성 안의 우물물은 핏빛으로 변했다는 소문이 자자하네!"

백성들 사이에서 그런 말들이 오갔습니다.

그러더니 마침내 대궐에 귀신이 나타나 외쳤습니다.

"백제는 망한다!"

그러더니 귀신은 땅속으로 사라져 버렸습니다. 이것을 보고 있던 의자왕은 귀신이 사라진 땅 밑을 파 보라고 시켰습니다.

그러자 그 속에서 거북이 한 마리가 나왔습니다. 거북이의 등에는 이런 글자가 써 있었습니다.

백제는 둥근 달이요, 신라는 초승달이다!

의자왕은 이것을 무당에게 보여 주며 무슨 뜻이냐고 물었습니다.

"둥근 달은 곧 기울어져 사라질 것이니 백제는 망한다는 뜻이고, 초승달은 점점 둥글게 차오를 것이니 신라가 크게 흥한다는 뜻입니다."

그러자 의자왕은 무당을 칼로 베어 버렸습니다. 『삼국사기』

황산벌 전투

그러는 사이, 백제군은 연전연패를 거듭하였고, 마침내 나·당 연합군은 사비성 수십 리 안쪽까지 이르렀습니다. 의자왕은 흥수의 의견을 듣지 않은 것이 새삼 후회되었지만, 이미 늦은 뒤였습니다. 의자왕은 마지막 기대를 품고 계백을 불러 적을 막으라 일렀습니다.

이때 계백은 '살아서 적의 노비가 되느니 차라리 죽는 것이 낫다!'라며 처자식의 목숨을 직접 거두고는 전쟁터로 나섰습니다. 이때 계백은 병사들에게 호소했습니다.

"그 옛날 월왕구천은 5000의 군사로 70만 대군을 물리쳤다. 오늘 우리는 마땅히 승리해 나라의 은혜에 보답해야 한다!"

▲ 계백 장군 동상

▲ 낙화암 백화정

그리고 계백은 험한 지형을 먼저 차지한 후 세 진영으로 나누어 나·당 연합군에 맞섰지요. 백제군은 죽기를 각오하고 싸웠습니다. 덕분에 황산벌에서 5000의 군사로 5만의 신라군을 맞은 백제군은 네 번의 전투에서 모두 승리를 거두었습니다.

그러자 사기가 떨어진 신라군의 장수들은 어린 화랑 반굴과 관창으로 하여금 각자 홀몸으로 백제군을 공격하게 했습니다. 물론 이들도 백제군에 사로잡혀 죽음을 면치 못했지요.

하지만 어린 화랑의 죽음을 목격한 신라 병사들이 사기를 되찾으면서 전세는 신라 쪽으로 기울었습니다. 계백과 5000 결사대는 죽음으로써 신라군에 맞섰지만, 중과부적이었습니다. 결국 계백은 황산벌에서 최후를 맞이해야 했습니다.

이어 신라군은 사비성으로 진격했습니다. 그즈음 소정방이 이끄는 당나라군도 백제군을 깨뜨리고 사비성 가까이 다다랐습니다. 공격이 시작되자 성 안에 있던 신하와 백성 들은 대부분 죽임을 당했고, 달아나던 수많은 궁녀들은 낙화암에 올라가 강물로 몸을 던졌습니다. 황급히 웅진성으로 몸을 피했던 의자왕은 끝내 사로잡혀 태종 무열왕과 소정방 앞에서 무릎을 꿇어야 했습니다. 결국 의자왕은 당나라에 끌려갔다가 그곳에서 숨을 거두었습니다.

백제 유민의 저항

사비성이 나·당 연합군의 손에 함락된 뒤, 백제의 장군 흑치상지는 백성들을 모아 부흥군을 조직했습니다. 불과 3일 만에 3만이 넘는 백성들이 가담할 정도로 그 세력은 컸지요. 흑치상지는 임존성충남 예산을 본거지로 삼아 당나라군에 맞섰습니다. 뿐만 아니

▶ 임존성. 흑치상지 장군이 백제 부흥 운동을 일으켰던 곳이에요.

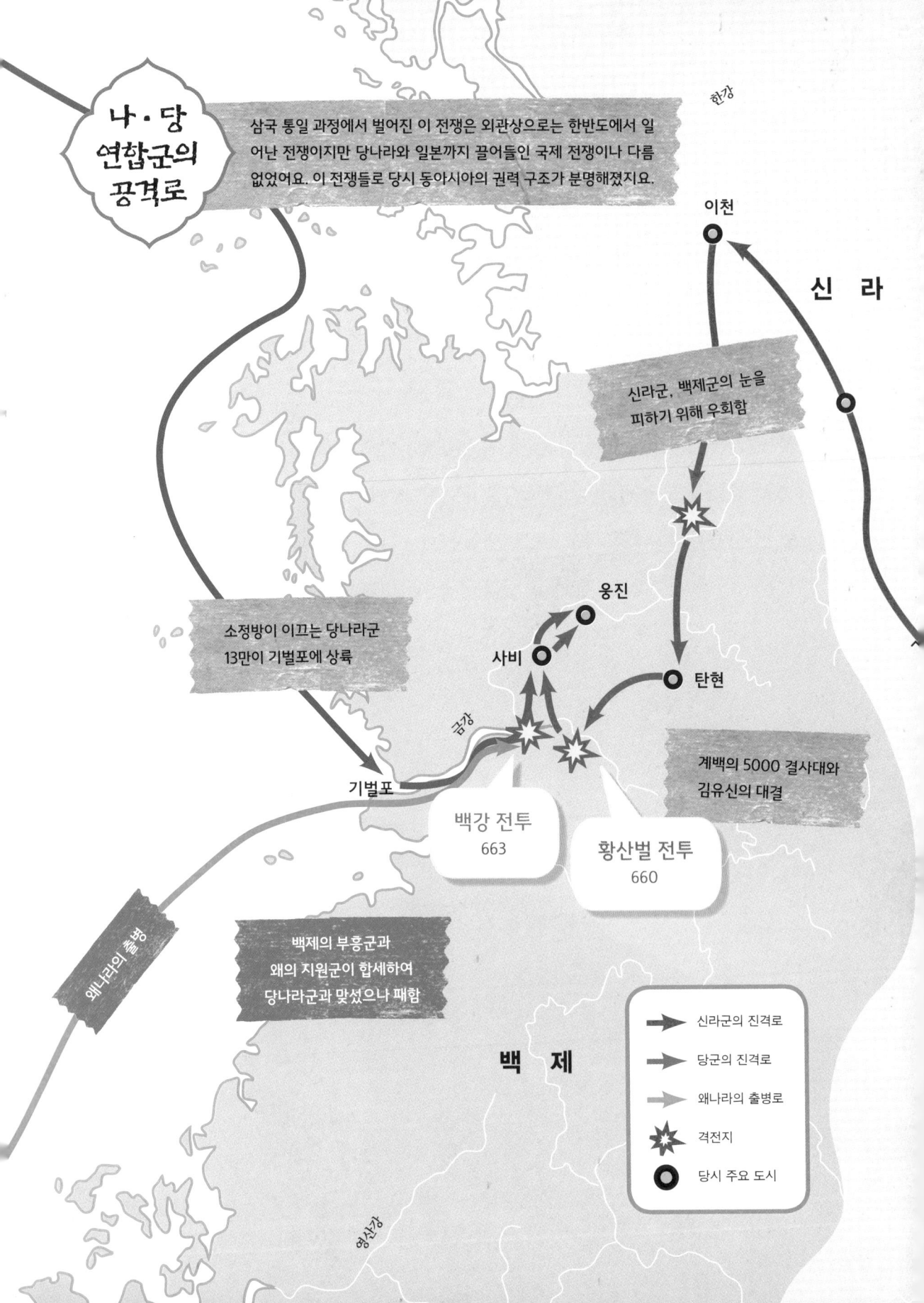

나·당
연합군의
공격로

삼국 통일 과정에서 벌어진 이 전쟁은 외관상으로는 한반도에서 일어난 전쟁이지만 당나라와 일본까지 끌어들인 국제 전쟁이나 다름없었어요. 이 전쟁들로 당시 동아시아의 권력 구조가 분명해졌지요.

한강

이천

신 라

신라군, 백제군의 눈을
피하기 위해 우회함

소정방이 이끄는 당나라군
13만이 기벌포에 상륙

웅진

사비

탄현

금강

계백의 5000 결사대와
김유신의 대결

기벌포

백강 전투
663

황산벌 전투
660

왜나라의 출병로

백제의 부흥군과
왜의 지원군이 합세하여
당나라군과 맞섰으나 패함

백 제

신라군의 진격로
당군의 진격로
왜나라의 출병로
격전지
당시 주요 도시

영산강

라 주류성을 중심으로 부흥 운동을 벌이던 왕족 복신과 연합하여 세를 더 불려 나갔습니다. 치열한 부흥 운동 속에서 백제는 무려 200여 개의 성을 되찾을 수 있었지요.

하지만 왕자 부여풍의자왕의 넷째 아들이 복신을 죽이는 일이 발생하고 말았습니다. 그러던 차에 당나라 황제가 비밀리에 사신을 보내 흑치상지에게 투항을 권했습니다. 흑치상지는 이 말에 넘어갔고, 결국 당나라에 항복하고 말았어요. 그는 곧 당나라로 가서 당나라의 장수가 되었지요.

뒤늦게 부여풍이 왜나라에 군대를 요청해 나·당 연합군에 대항하려고 했지만, 왜의 군대는 백강금강에서 전멸당하고 말았습니다. 이로써 백제는 한반도에서 영원히 사라지고 말았습니다.

고구려의 분열과 멸망

백제를 멸망시킨 나·당 연합군은 이듬해부터 고구려의 평양성을 공격하기 시작했습니다. 신라의 장수 김유신이 2000대의 수레에 식량을 싣고 당나라군을 지원하기 위해 출정하기도 했습니다. 하지만 추위를 견디지 못한 당나라군이 후퇴함으로써 쌀만 낭비해야 했지요. 꼭 추위 때문이 아니라 이때까지만 해도 고구려는 연개소문을 중심으로 똘똘 뭉쳐서 번번이 나·당 연합군을 물리쳤습니다.

하지만 연개소문이 세상을 떠나면서 고구려는 안에서부터 서

서히 금이 가기 시작했어요. 연개소문의 세 아들들 사이가 벌어
진 거예요.

아버지의 벼슬을 물려받아 대막리지가 된 큰아들 남생은, 나

랏일을 직접 보살피기 위해 평양성을 떠나 국경과 지방을 순례하곤 했습니다. 이 틈을 타서 이전부터 연개소문을 미워했던 귀족들이 동생 남건과 남산을 찾아가 이간질을 했습니다.

"남생은, 두 동생들이 대막리지 자리를 탐낸다고 생각하고 있어요."

그런가 하면 남생을 찾아가서는 '두 동생이 대막리지 자리를 탐내서 대막리지를 죽이려 하고 있어요'라고 말했어요. 결국 형제들은 서로에게 칼을 겨누고, 군사를 동원해 싸움을 벌였습니다. 이 싸움에서 불리해진 남생은 어이없게도 당나라에 투항하고 말았습니다. 그러더니 당나라가 고구려를 공격할 때, 그들의 길잡이 노릇까지 했습니다.

이런 싸움의 틈바구니에서 막내 남산은 당나라 군의 포로로 잡히고 말았지요. 뿐만 아니라 연개소문의 아우 연정토는 12개의 성을 통째로 신라에 건네주고 투항해 버렸습니다.

이윽고 668년 9월, 고구려의 분열을 알아차린 당나라는 대군을 투입하여 평양성을 공격했습니다. 때를 맞추어 신라의 문무왕도 군사를 이끌고 평양성으로 들이닥쳤지요.

고구려는 더 이상 버틸 재간이 없었습니다. 마지막 남은 병사와 백성 들이 죽

▲ 문무왕

음으로써 성을 지키려 했지만, 나·당 연합군의 공격으로 평양성은 무너졌지요. 이로써 동북아시아의 최강자로, 중국 땅의 여러 나라와 어깨를 나란히 했던 고구려는 역사 속으로 사라지고 말았습니다.

고구려의 부흥 운동

당나라는 평양성을 함락시킨 직후, 안동도호부를 설치하고 다스렸습니다. 또한 저항하는 것을 막기 위해 무려 2만 8000여 호에 이르는 고구려 사람들을 강제로 이주시켰어요. 그러나 이런 당나라의 술수를 두고 볼 수 없었던 대형 검모잠이 고구려의 유민을 이끌고 저항 운동을 일으켰습니다.

검모잠은 안승을 왕으로 추대하고, 한성 지금의 황해도 재령 부근을 근거지로 하여 고구려를 다시 세우려 일어났지요. 한편으로는 신라와 긴밀한 연락을 취하기도 했지요. 그리하여 한때는 요동 지역에서 고구려 신라의 연합군이 말갈족을 물리치는 성과도 거두었습니다.

하지만 그 후, 부흥군 내부에서 분열이 일어나 안승이 검모잠을 죽이는 소동이 일어나고, 백수산과 호로하 전투에서 연이어 당나라군에게 패하는 바람에 사실상 부흥군의 활동도 끝나고 말았어요.

당나라와의 마지막 싸움과 삼국 통일

백제와 고구려를 무너뜨렸지만, 신라가 삼국 통일을 이루기에는 아직도 길이 멀었습니다. 그것은 당나라가 백제와 고구려는 물론, 신라까지 자신들의 지배 아래 두려는 야욕을 가지고 있었기 때문이에요.

당은 옛 백제 땅에 웅진도독부를 두어 7주를 관할하게 했고, 신라에는 계림도독부를 설치하고 자기들 마음대로 문무왕을 계림주대도독에 임명했어요. 아울러 평양에 안동도호부를 설치하여 한반도 전체를 총괄하게 했습니다. 이에 신라는 당나라에 무력으로 맞설 수밖에 없었습니다.

그런데 이즈음, 옛 백제 땅과 고구려 땅에서는 나라를 되살려내겠다는 부흥 운동이 일어나 당나라 군대와 곳곳에서 충돌하고 있었습니다. 신라는 이들을 은밀히 지원하면서 당나라 군대의 기운을 뺏습니다. 어떤 때는 직접 군대를 출전시켜 곳곳에서 당나라군을 격파했지요. 특히 당나라군이 주둔하던 사비성을 빼앗고, 이곳에 소부리주를 설치하여 백제 땅을 완전히 장악하기도 했습니다. 그러자 전세가 불리함을 느낀 당나라 황제는 이간책을 썼습니다.

"신라의 문무왕을 폐하고, 김인문_{문무왕의 동생}을 신라의 새 임금으로 삼을 것이다!"

그리고 군대를 동원해 신라를 공격하도록 명령을 내렸습니다.

하지만 동생은 형 문무왕을 배반하지 않았고, 문무왕도 이런 속셈에 말려들지 않았습니다. 오히려 문무왕은 당나라 군대와 정면으로 맞서 싸웠습니다. 크고 작은 전투가 곳곳에서 벌어졌습니다. 특히 김유신의 아들 원술이 활약한 매소성 전투에서 신라군은 당나라 군대를 크게 무찌름으로써 기세를 떨쳤습니다. 이 승리를 발판으로 삼아 신라군은 해안으로 상륙한 당나라 수군과 기벌포에서 맞부딪쳐 또 한 번 큰 승리를 이루었습니다.

원술은 어떤 사람이에요?
김유신의 둘째 아들인 원술랑은 매소성 전투가 있기 전 설문 전투에서 당나라군에 패한 적이 있었어요. 이때 김유신은 왕에게 아뢰어 목을 칠 것을 건의했죠. 왕은 허락하지 않았지만 김유신은 부자의 연을 끊고 만나 주지 않았어요. 이에 원술은 산으로 숨어들어가 살다가 훗날 매소성 전투에서 큰 공을 세우게 됩니다.

그러자 당나라군은 평양에 두었던 안동도호부를 요동으로 옮기고 대동강 이남의 땅을 신라에 온전히 내줄 수밖에 없었습니다. 이로써 신라는 대동강과 원산만을 긋는 선 이남의 땅을 온전히 차지할 수 있게 되었고, 삼국 통일의 위업을 달성할 수 있었습니다. 676년

물론 고구려 땅은 절반도 차지할 수 없었기 때문에 신라의 삼국 통일은 미흡한 점이 많았지만, 당나라를 축출하고 독자적인 문화 발전의 토대를 완성시켰다는 점에서 역사적 의의가 있는 것이었어요. 특히 이보다 조금 나중에 한반도 북쪽에 고구려 유민들이 주축이 되어 발해를 건설함으로써 '남북국 시대'라는 새 역사를 내딛는 중요한 순간이 되었답니다.

토기는 시대와 지역에 따라, 그리고 용도에 따라 다양하게 변화되어 왔어요. 단순하게 곡식을 저장하고 보관하는 역할을 한 토기도 있고, 다른 특별한 목적으로 제작된 토기도 있었지요. 원삼국 시대에 발견된 오리 모양의 토기는 껴묻거리(죽은 사람과 함께 묻는 물건)의 용도로 제작되었는데, 하필 새의 모습이었던 것은 새가 죽은 사람의 영혼을 하늘로 데려간다고 믿었기 때문이에요.

가야의 옛 지역에서는 이형 토기가 발달했는데 이형이란 '특이한 형태'를 뜻해요. 수레바퀴 모양이나 배, 집 모양의 토기도 많이 발견되었지요. 이것은 죽은 사람을 떠나보내는 의미가 담긴 것이라고 해요. 그런가 하면 뿔 모양의 토기는, 옛날에 소와 같은 짐승의 뿔을 잘라 술과 같은 음료를 마시던 습관에서 유래되었다고 전하고 있어요.

신라에서 발견된 말 탄 사람 토기와 토용은 신라 사람들의 옷차림새를 엿볼 수 있는 귀중한 토기이지요.

▲ 이형 토기의 한 종류

▲ 말 탄 사람 토기

▲ 토용

오리 모양 토기 ◀

▶ 말머리 모양 뿔 잔, 뿔 모양 잔

토우 붙은 항아리

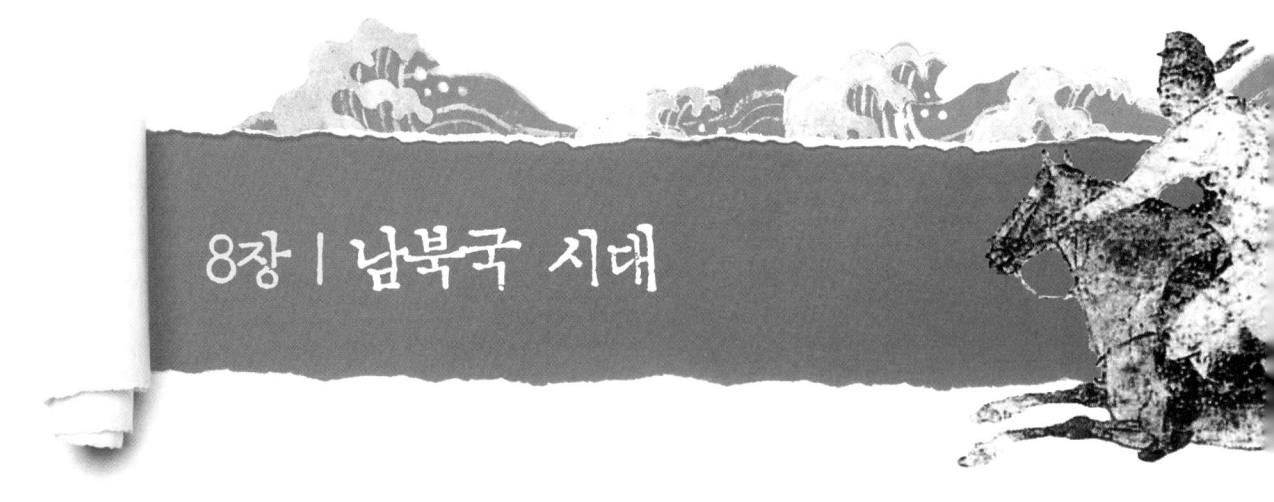

통일 후 변모한 신라의 모습

통일 후의 태평성대 ✿ "무기를 녹여 농기구를 만들라! 또한 세금을 줄여 농민들을 편안케 하라!"

고구려가 멸망했을 때, 문무왕은 백성과 신하 들에게 솔깃한 명령을 내렸습니다. 앞으로는 전쟁이 없는 평화로운 나라를 만들겠다는 뜻이었어요. 뿐만 아니라 문무왕은 죽어서도 나라를 지키는 용이 되겠다며, 바다에 묻어 달라는 유언을 남기기도 했습니다. 그래서 신하들은 문무왕이 죽자, 그의 유골을 감포 앞바다에 장사 지냈답니다.

이런 문무왕의 뜻을 이어받은 신문왕은, 넓어진 나라를 다스리기 위해 전국을 9주 5소경으로 나누었고, 국립 교육 기관인 '국

▼ 대왕암이라 불리는 문무 대왕릉

학'을 세워 유교 사상을 가르쳤으며, 한편으로는 왕권에 도전하는 귀족을 억눌렀지요. 그 덕분에 전쟁의 뒤처리에 어수선하던 나라는 빠르게 안정을 찾아 갔어요. 경제 활동이 활발해져서 금성경북 경주에는 동시, 서시 등 큰 시장이 열리기도 했습니다.

외국과의 교류도 활발해졌습니다. 특히 당나라에는 공부를 하러 가는 유학생과 승려, 그리고 셀 수 없이 많은 상인들이 오고 갔습니다. 그런 덕분에 신라 사람들이 모여 사는 마을신라방도 생겨났고, 이들을 관리하고 감독하는 관청신라소과, 또한 신라 사람들을 위한 절신라원도 생겨났을 정도였습니다. 승려 혜초는 중국을 지나 인도와 중앙아시아를 순례하기도 했지요.

전쟁 때는 백제를 도왔던 일본과도 무역이 다시 시작되었고, 지구 저편 서쪽에서 온 이슬람 상인들의 물건들도 신라에 들어왔습니다. 이 시기의 대표적인 무역항이었던 '울산항'을 통해 향료나 공작 깃털, 에메랄드와 같은 물건들이 거래되었어요. 신라 사람들이 처음 보는 아주 진귀한 것들이었지요.

5소경이 뭐예요?
5소경은 북원경(원주), 중원경(충주), 서원경(청주), 남원경(남원), 금관경(김해)을 말해요. 신라의 서울인 금성(경주)이 한쪽으로 치우쳐 있어서 통치에 소홀함이 없도록 하기 위한 조치였지요. 한편 중앙군으로 9서당을 두었고, 지방에는 10정을 두었어요. 이때 국경 지대인 한주에만 2개의 정을 설치했어요.

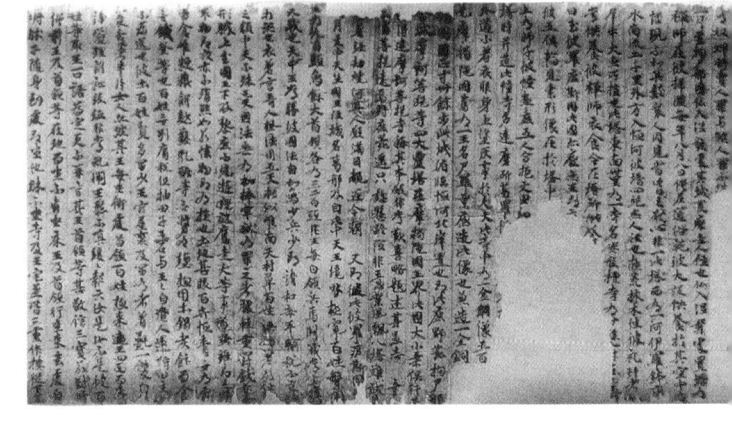

▲ 혜초 스님이 인도 순례를 마치고 돌아와 저술한 『왕오천축국전』이에요.

이 같은 태평성대 속에서 가장 큰 혜택을 본 사람들은 귀족들이었습니다. 그들은 저택의 지붕을 기와로 덮고 정원에는 연못을 파기도 했어요. 궁궐 못지않게 크고 호화로웠는데 심지어 건물을 금으로 치장한 집도 있었지요. 이런 집을 일컬어 '금입택'이라고 불렀습니다. 금성에만 40채가 넘는 금입택이 있었답니다. 귀족들이 거느리는 노비는 보통 수백 명이 넘었지요. 귀족들은 저마다 당나라와 서역에서 수입한 장식을 하고 다녔습니다. 때로는 그것이 지나쳐서 흥덕왕은 사치품을 사용하지 말라는 명령을 내리기도 할 정도였습니다.

그에 비해 백성들의 생활은 나아진 것도 없이 고달프기만 했습니다. 오로지 농사일에만 매달렸던 농민들은 가을이 되면 수확의 상당량을 세금으로 바쳐야 했습니다. 수해나 가뭄으로 세금을 내지 못하면 빚을 질 수밖에 없었고, 그 빚을 갚지 못하면 노비가 되었습니다.

발달하는 불교 문화 ✿ 통일이 된 후, 불교는 더 많은 사람들에게 퍼져 나갔습니다. 여기에는 원효 대사의 공이 컸습니다. 그는 애초에 당나라로 유학을 가는 도중, 동굴 속에서 잠을 자다가 깨달음을 얻고 신라에 되돌아왔지요. 잠결에 바가지에 고인 물을 아주 달게 마셨는데, 알고 보니 해골바가지에 고인 물이었고, 동굴 또한 무덤 속이었던 거예요.

"아! 해골에 고인 물인지 모르고 마실 때는 그토록 맛이 달더니, 알고 난 뒤에는 구역질이 나는구나. 결국 모든 것이 마음에 달렸도다!"

원효 대사는 그길로 발걸음을 돌렸습니다. 그리고 돌아와 백성들 속에 어울려 지내면서 부처님의 말씀을 전했습니다.

한편 함께 유학길에 나섰던 의상 대사는 끝끝내 당나라까지 가서 공부를 마치고 돌아와 부석사를 포함해 여러 곳에 절을 짓고, 제자를 길러 내는 일에 힘을 쏟았지요. 그의 제자들은 그 뒤 전국으로 흩어져 불교를 널리 퍼트리는 데 큰 공을 세웠습니다.

이렇게 불교가 사람들 마음속에 자리 잡자, 왕과 귀족 중에 자신의 재산을 털어서라도 절을 짓거나 불상을 만드는 방법으로 덕을 쌓으려는 사람들도 늘어났습니다.

아주 가난한 여인의 아들로 태어난 김대성이라는 사람이 있었습니다. 그는 얼마 되지 않는 전 재산을 시주하여 재상의 아들로 다시 태어날 수 있었습니다. 그는 부처님의 공덕을 기리고, 전

▲ 부석사 무량수전

생의 부모와 현생의 부모에게 은혜를 보답하기 위해 절을 지었

지요. 이것이 바로 석굴암과 불국사이지요.

또 경덕왕 35대은 아버지인 성덕왕의 명복을 빌기 위해 커

다란 종을 만들기도 했습니다. 종은 우여곡절 끝에 그

뒤를 이은 혜공왕 36대 때 완성이 되었는데, 종소리가

마치 '어미 때문에― 어미 때문에―' 하는 소리처

럼 들렸습니다. 전해지는 이야기에 따르면 종을

만들기 위해 쇳물을 녹일 때, 아이를 시주하였기

때문이었다고 해요. 이 종이 바로 성덕 대왕 신종

입니다.

▲ 성덕 대왕 신종

▲ 불국사

왕위 다툼과 장보고 🌸 신문왕 이후 약 100년 동안 계속된 평화는, 혜공왕 때부터 왕권 다툼으로 얼룩지기 시작했습니다.

780년, 진골 귀족이었던 김지정이 반란을 일으켜 왕이 살해되고, 상대등 김양상 37대 선덕왕이 왕위에 올랐습니다. 이즈음부터 진골 귀족들은, '기회만 된다면 나도 왕위에 오를 수 있어!'라는 생각을 갖게 되었고, 그런 탓에 왕권 다툼이 잦아졌습니다.

800년, 애장왕 40대이 13세의 어린 나이에 왕위에 오르자 숙부인 김언승은 권력에 눈이 멀어 조카인 애장왕을 죽이고 스스로 왕이 되었지요. 41대 헌덕왕 그로부터 22년 뒤에는 김헌창이 반란을 일으켜 아예 '장안국'이라는 나라를 세우기도 했어요. 그는 신라의 9주 5소경 중에서 4주 3소경을 휩쓸며 왕실을 위협했습니다.

그러다가 반란군이 거듭 패하자 스스로 목숨을 끊고 말았습니다. 822년

왕실과 귀족들이 이런 다툼에 휩싸여 있다 보니 백성들의 살림살이는 말이 아니었습니다. 게다가 신분의 제약 때문에 아무리 능력이 있고, 열심히 일해도 출세는커녕, 낮은 벼슬조차 할 수가 없었습니다. 그런 탓에 신라를 떠나 당나라로 가서 제 뜻을 펼치려는 사람들이 있었지요. 장보고도 그중 하나였습니다.

비록 평민 출신이었지만, 무예에 능했던 장보고는 친구 정년과 함께 당나라로 건너가 군인이 되었습니다. 그리고 여러 차례 공을 세워 장수로 활약했습니다. 하지만 장보고는 신라 사람들이, 해적들에 의해 노예로 팔려 다니는 것을 보고 신라로 돌아와 흥덕왕42대에게 아뢰었습니다.

"폐하! 죄 없는 신라 사람들이 해적들에게 납치되어 노예로 팔려 다니고 있사옵니다. 군대를 내주신다면, 해적을 소탕하고 바닷길을 바로잡겠사옵니다."

이에 흥덕왕은 장보고의 청을 들어주었습니다. 농민 1만 명을 군사로 쓸 수 있는 권한도 주었지요. 장보고는 즉시 청해전남 완도에 '진'을 설치하고 군사를 훈련시켰습니다.828년 그리고 바다로 나가 해적들을 소탕했습니다. 이후 바닷길은 평화를 되찾았고, 장보고는 큰 세력으로 성장했습니다.

바로 이즈음 흥덕왕이 세상을 떠났습니다. 그러자 기다렸다는

듯 왕권 다툼이 일어나 흥덕왕의 사촌동생인 김균정과 김제륭이 군사를 동원해 싸웠습니다. 이때 김제륭43대 희강왕이 왕위에 올랐고, 김우징은 처자식을 이끌고 장보고를 찾아왔습니다.

"만약 나를 도와주면 훗날 크게 보답하겠소."

아울러 김우징은 장보고의 딸을 며느리로 맞겠다는 약속도 했지요. 이에 장보고는 돕겠노라고 다짐을 하고, 기회를 엿보았습니다.

3년 뒤, 마침 희강왕이 자신의 측근이었던 김명44대 민애왕에게 살해당하고, 또 왕이 바뀌었습니다. 이 혼란을 노려 장보고는 5000의 군사로 도성을 공격했고, 마침내 민애왕을 죽이고 김우징45대 신무왕을 왕위에 세웠습니다.

이에 신무왕은 장보고를 장군에 임명하고 크게 대우했습니다. 하지만 장보고의 딸을 며느리로 삼는다는 약속만은 지키지 않았습니다. 그 아들46대 문성왕도 마찬가지였습니다. 신하들이 장보고의 출신이 미천하다 하여, 목숨을 걸고 반대했기 때문이었지요. 이에 배신감을 느낀 장보고는 왕실에 등을 돌렸습니다. 그러자 왕실은 불안했습니다. 언제 장보고가 군대를 이끌고 들이닥칠지 몰라서였지요.

"장보고를 그냥 두어서는 안 돼요. 언제 화가 미칠지 모릅니다!"

▲ 중국 법화원에 세워진
장보고 동상

마침내 왕과 귀족들은 자객을 보내 장보고를 살해하고 말았습니다. 이로써 바다를 호령하며 신라와 당나라의 바닷길을 주름잡던 장보고는 역사 속으로 사라지고 말았습니다.

발해의 건국과 팽창

발해의 건국 ❀ 고구려를 무너뜨린 당나라가 가장 먼저 한 일 중 하나는 고구려 유민들을 흩어져 살게 하는 것이었습니다. 그러지 않으면 언제든 똘똘 뭉쳐 당나라에 저항할지 모른다는 생각에서였지요.

그럼에도 불구하고 고구려 유민들의 저항 운동이 계속되자, 당나라는 고구려의 마지막 왕 보장왕에게 요동도독 조선군왕을 임명하고는, 당나라에 끌려온 고구려인들을 요동으로 데려가 직접 통치하게 했지요. 당나라는 이렇게 고구려 유민들의 저항 운동이 일단락되기를 기대했습니다. 그런데 이번에는 보장왕이 고구려 유민들을 규합해서 부흥 운동을 도모하였습니다. 보장왕은 당나라의 눈을 피해 고구려를 되살리려는 노력을 멈추지 않았습니다. 오래지 않아 이 같은 움직임이 발각되어 보장왕은 변방으로 쫓겨났지만, 이후에도 고구려를 되살리겠다는 움직임은 계속되었습니다.

그러던 중 696년 영주에서 거란족이 반란을 일으켰습니다. 그들은 무려 1년이 넘도록 당나라와 싸웠지요. 바로 이 혼란한 틈을 노려 고구려 유민들도 말갈족과 손을 잡고 일어났습니다. 고구려 장수 출신인 걸걸중상과 그의 아들 대조영, 그리고 말갈족 우두머리 걸사비우가 당나라군과 맞서 싸우며 세력을 키웠습니다.

오래지 않아 거란은 당군에 항복했지만, 걸걸중상과 대조영은 계속해서 세력을 넓혀 나갔습니다. 화들짝 놀란 당나라는 항복한 거란 장수 이해고를 보내 고구려 유민을 공격했습니다. 이때, 걸걸중상과 걸사비우가 목숨을 잃었습니다.

하지만 대조영은 멈추지 않고 유민들을 이끌고 동쪽으로 이동했습니다. 물론 이해고와 당나라 군사들이 끈질기게 따라왔습니다.

마침내 험난하기로 이름난 천문령 골짜기에 다다른 대조영은 군사들을 매복시켜 놓고 최후의 일전을 치렀습니다. 승리에 급급한 이해고와 당나라 군사들은 거침없이 골짜기 안으로 밀려 들어 왔고, 이때를 노린 대조영은 일시에 기습공격을 퍼부어 승리했습니다. 이때, 이해고는 대부분의 군사를 잃고 목숨만 겨우 부지한 채 쫓겨 갔습니다.

대조영은 당나라의 손길을 피하기 위해 유민들을 이끌고 더 동쪽으로 이동했습니다. 그리고 동모산 기슭에 마침내 새 나라를 세웠습니다.

말갈족은 어떤 민족인가요?
원래 만주 지역에 살았는데, 중국의 주나라 때는 숙신족으로 불렸고, 한나라 때는 읍루로 불렸어요. 고구려 사람들과 한데 어울려 살았으며, 특히 영양왕 때 고구려가 수나라와 싸우자 고구려를 도왔습니다.

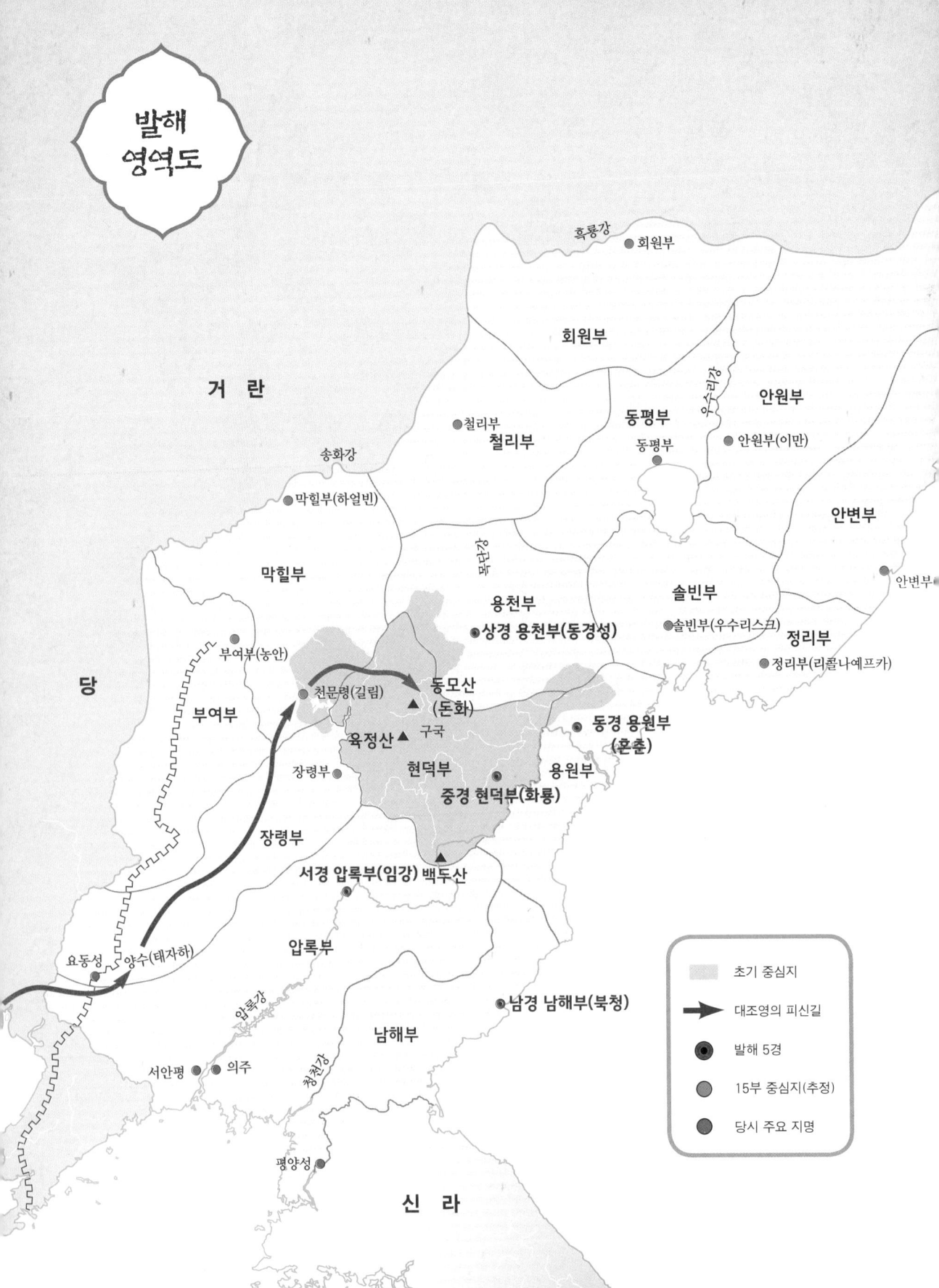

발해 영역도

흑룡강　회원부

거　란

회원부

철리부
철리부

동평부
동평부

우수리강

안원부

안원부(이만)

송화강

막힐부(하얼빈)

막힐부

안변부

안변부

부여부(농안)

천문령(길림)

동모산
(돈화)

솔빈부

솔빈부(우수리스크)

정리부

정리부(리콜나예프카)

용천부
상경 용천부(동경성)

육정산　구국

당

부여부

장령부

현덕부
중경 현덕부(화룡)

동경 용원부
(혼춘)

용원부

장령부

서경 압록부(임강) 백두산

압록부

압록강

압록부

청천강

남경 남해부(북청)

남해부

초기 중심지

대조영의 피신길

발해 5경

15부 중심지(추정)

당시 주요 지명

요동성　양수(태자하)

서안평　의주

평양성

신　라

"나라의 이름을 진이라 할 것이다."

이렇게 발해가 신라의 북쪽에 우뚝 섬으로써 남북국 시대가 개막된 것이에요.

새 나라를 선포한 대조영은 먼저 돌궐과 당나라, 신라 등 주변 나라에 사신을 보내서 알렸습니다.

이어 대조영은 쉼 없이 옛 부여 땅 일부와 옥저 땅까지 차지하면서 영토를 넓혀 나갔습니다. 그러자 당나라에서도 더 이상 발해를 업신여길 수가 없어서 대조영을 '발해 군왕'이라 칭하며 국교를 맺었지요. 나라의 이름도 이즈음 '발해'라 고쳐 불렀답니다.

발해라는 이름은 무슨 뜻이에요?
'발해만'은 중국의 요동반도와 산둥반도 사이의 바다를 일컫는 이름이에요. 그런데 대조영의 나라가 발해라는 이름을 갖게 된 것은, 중국 쪽에서 보기에 발해가 발해만의 동북쪽 땅에 있기 때문이었어요.

발해의 팽창 ☀ 대조영의 뒤를 이은 무왕 2대은 아버지 대조영만큼이나 기세가 대단했습니다.

"말갈족 중에서 유일하게 발해의 백성이 되지 않은 흑수말갈을 공격하라!"

겁을 먹은 흑수말갈은 급히 당나라에 도움을 청했지만, 무왕의 발해 군사들은 흑수말갈 부족을 삽시간에 휩쓸고 그 우두머리로부터 충성을 약속받았습니다. 그러자 당나라가 발해를 경계하기 시작했습니다. 발해가 더욱 큰 나라가 되는 걸 원치 않았던 것이지요.

이를 눈치챈 무왕은 겁을 먹기는커녕 오히려 당나라를 선제 공격하기로 마음먹었습니다.

"장문휴 장군은, 군사를 이끌고 등주를 공격하라!"

명령을 받은 장문휴 장군은 732년 가을, 압록강 하구에서 출정해 등주를 점령하고 성주의 목을 베었습니다.

당나라는 위기를 느끼고 산발적인 공격을 거듭했지만, 발해에 큰 충격을 주지는 못했습니다. 나중에는 신라로 하여금 발해의 남쪽을 공격하게 했습니다. 하지만 신라군 역시 군사의 절반 이

상을 잃고 물러나야 했어요. 결국 당나라도 더 이상 발해를 만만하게 볼 수만은 없었답니다.

당과 치열하게 대립각을 세우고 영토를 키워 나가는 데 전념했던 무왕과는 달리 그의 아들 문왕3대은 당나라에 화친의 손길을 내밀었습니다.

"그동안 많은 영토를 얻었소. 이제는 나라의 내실을 키워야 할 때이니 당나라로부터 앞선 문물을 적극 받아들이고 또한 제도를 정비하여 나라를 평안케 하시오."

▲ 발해인의 격구도. 발해 사람들은 평소에 격구와 같은 운동을 즐기며 체력을 키우고 전투력을 증진시켰어요.

문왕의 명령으로 사신들은 수십 차례 당나라를 오가며 새로운 제도를 배워 왔습니다. 이를 바탕으로 문왕은 당나라의 것을 본떠 '3성 6부제'라는 중앙 통치 기구를 만들었습니다.

뿐만 아니라 문왕은 군사 제도를 새롭게 정비하고, 불교를 적극 장려하여 통치의 정신적 기반으로 삼았지요.

이렇게 나라가 안팎으로 견고하게 자리를 잡으면서 국력이 커지자 당나라도 더 이상 발해를 업신여기지 못했습니다. 이즈음부터 당나라는 발해 왕

3성 6부가 뭐예요?

3성은, 정당성(3성 6부를 총괄하는 최고의 행정 기관)과 선조성(나라의 정책을 검토하고 의견을 제시하는 기관), 중대성(정책을 만드는 기관)으로 나뉘어져 있고, 정당성 아래에 6부인 '충, 인, 의, 지, 예, 신'이 있었어요. 충부는 관리 임명과 상벌을 내리는 곳, 인부는 세금을 걷고 나라 살림을 하는 곳, 의부는 제사와 교육, 그리고 외교를 맡는 곳, 지부는 왕실을 보호하고 나라를 지키는 책임을 맡은 곳, 예부는 재판을 맡은 곳, 신부는 교통이나 수공업을 관리하는 관청이었어요.

을 '군왕'에서 '국왕'으로 한 단계 높여 부르기 시작했습니다.

이를 바탕으로 선왕10대은 땅을 더욱 넓혀서 서쪽으로는 요동 지방까지, 남쪽으로는 대동강 부근까지 뻗어 나갔지요. 신라는 이런 발해의 팽창에 바짝 긴장한 채, 300리가 넘는 성을 쌓고 발해를 경계해야 했습니다.

이 무렵, 당나라는 발해를 '해동성국'이라고 불렀습니다. 바다 건너 가장 융성한 나라라는 뜻이었지요.

발해의 문화와 멸망

발해는 고구려 사람들과 말갈 사람들이 함께 어울려 사는 다민족 국가였습니다. 일부 지방에서는 흙으로 무덤을 만든다든지, 직접 손으로 빚은 토기를 사용하기도 했는데, 이는 말갈의 문화였어요. 이 외에도 발해의 문화 속에는 중앙아시아적 문화 요소가, 또 시베리아로부터 유입된 문화요소도 나타나기도 했어요.

이렇게 다양한 문화가 발해라는 한 나라에서 어울리게 된 것은 대외적인 활동이 활발했기 때문이기도 합니다. 특히 도읍 상경 용천부로 통하는 5개의 큰 길은 발해의 문화를 융성시키고 발전시키는 데 큰 역할을 했답니다.

상경성은 어떻게 발해의 도읍이 되었어요?
처음 동모산을 중심으로 나라를 열었던 발해는 도읍을 중경으로 옮겼다가 다시 상경으로 옮겼어요. 그사이 동경으로 잠시 나앉았다가, 문왕이 죽은 후에 다시 상경으로 옮겼어요.

'해동성국'이라는 이름답게 발해의 도읍 상경성은 외성이 무려 16km나 될 정도로 크고 웅장했습

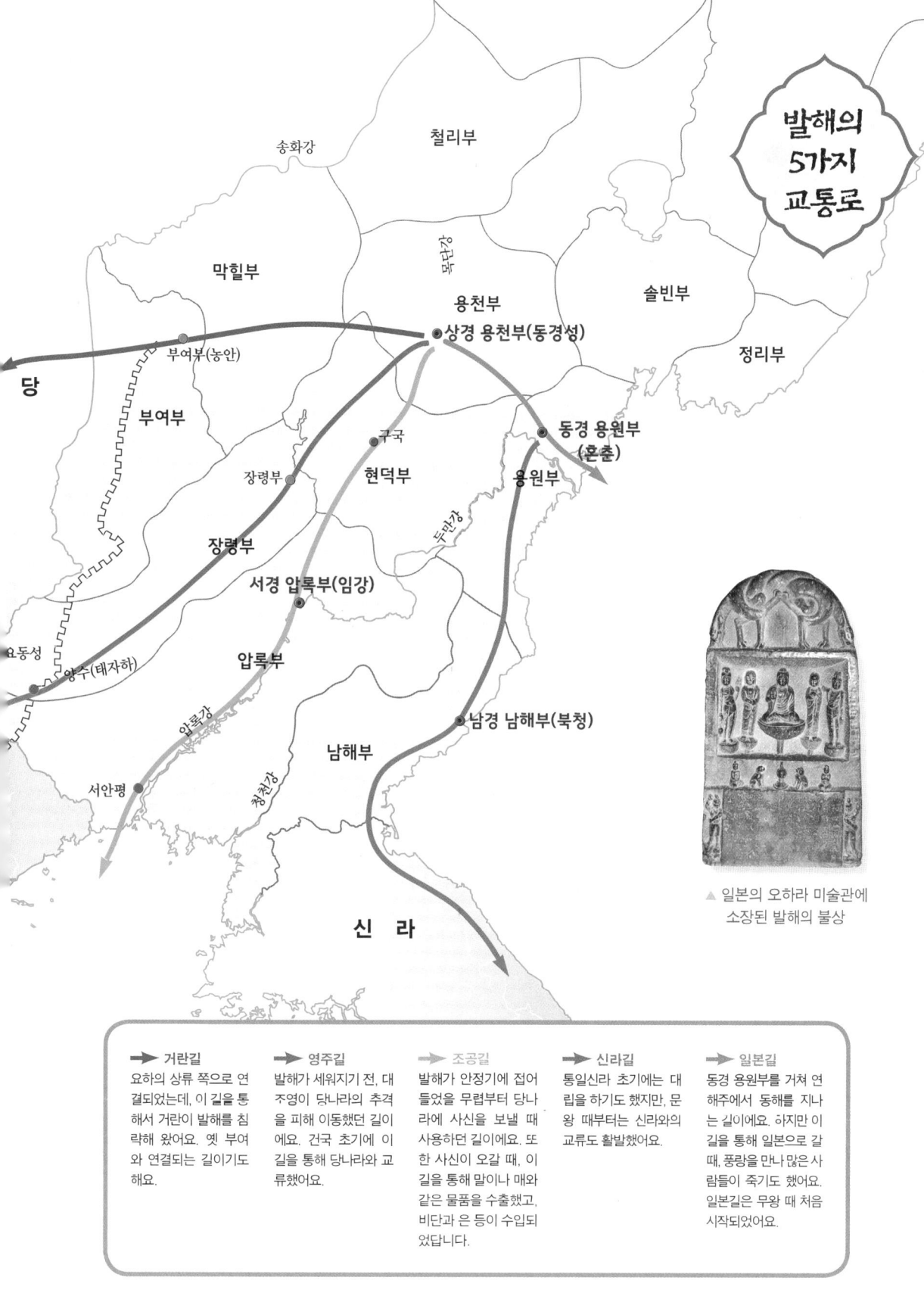

발해의
5가지
교통로

송화강

철리부

막힐부

목단강

용천부

솔빈부

상경 용천부(동경성)

정리부

부여부(농안)

당

부여부

구국

동경 용원부
(혼춘)

장령부

현덕부

용원부

두만강

장령부

서경 압록부(임강)

요동성

압록부

영주(태자하)

남경 남해부(북청)

남해부

압록강

청천강

서안평

▲ 일본의 오하라 미술관에
소장된 발해의 불상

신 라

→ 거란길
요하의 상류 쪽으로 연
결되었는데, 이 길을 통
해서 거란이 발해를 침
략해 왔어요. 옛 부여
와 연결되는 길이기도
해요.

→ 영주길
발해가 세워지기 전, 대
조영이 당나라의 추격
을 피해 이동했던 길이
에요. 건국 초기에 이
길을 통해 당나라와 교
류했어요.

→ 조공길
발해가 안정기에 접어
들었을 무렵부터 당나
라에 사신을 보낼 때
사용하던 길이에요. 또
한 사신이 오갈 때, 이
길을 통해 말이나 매와
같은 물품을 수출했고,
비단과 은 등이 수입되
었답니다.

→ 신라길
통일신라 초기에는 대
립을 하기도 했지만, 문
왕 때부터는 신라와의
교류도 활발했어요.

→ 일본길
동경 용원부를 거쳐 연
해주에서 동해를 지나
는 길이에요. 하지만 이
길을 통해 일본으로 갈
때, 풍랑을 만나 많은 사
람들이 죽기도 했어요.
일본길은 무왕 때 처음
시작되었어요.

▲ 당삼채. 당나라의 영향으로 발해의 귀족들은 세 가지 색을 발라 만든 당나라의 고급 도자기를 많이 사용했어요.

니다. 특히 당나라의 장안성을 본떠 계획적으로 만든 도시라 바둑판 모양으로 잘 정비되어 있었지요. 이곳에 사는 사람들은 무덤의 양식이나 놀이와 같은 문화적 특징도 당나라의 그것과 많이 닮아 있었어요. 개국 초기에는 고구려 것과 더 닮아 있었지만, 특히 문왕 때부터 당나라의 문화를 적극적으로 수입했기 때문이에요.

하지만 이렇듯 융성하던 발해에 조금씩 위기가 닥쳐오기 시작했습니다. 당나라가 멸망했고907년, 신라도 세 나라로 쪼개져 후삼국 시대를 맞고 있었습니다. 그런 틈을 타서

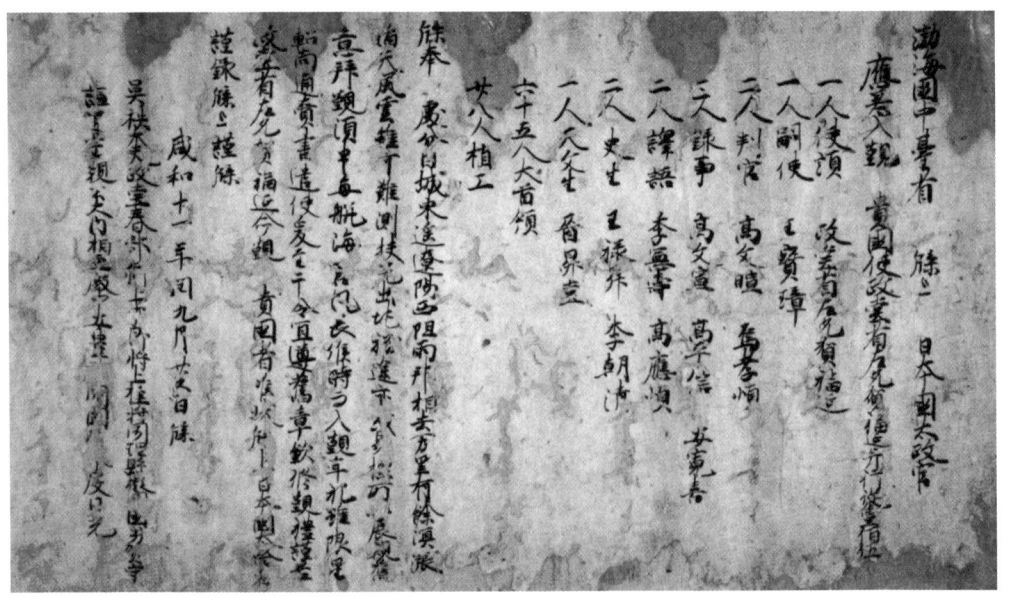

▲ 중대성첩 사본으로 발해의 중대성에서 일본에 보낸 외교 문서의 필사본이에요.

한때는 발해의 눈치를 보던 거란족이 힘을 키워 마침내 나라를 세웠지요.916년 그러고는 발해의 땅을 조금씩 침범하더니, 마침내 925년 12월, 거란국 황제 야율아보기가 직접 군사를 이끌고 발해를 침략했습니다.

▲ 발해 공주묘 벽화

거란국 군사들은 불과 사흘 만에 부여성을 함락시켰고, 그 후 6일 만에 상경성도 포위되었습니다. 그리고 이듬해 1월 마침내 도성이 함락되면서 애왕 발해의 마지막 왕도 거란 군사들 앞에 무릎을 꿇고 말았습니다.

하지만 이전에도 고구려 후손들이 그랬듯이 발해의 유민들도 발해를 다시 세우려고 무척이나 애를 썼습니다. 이들은 929년에 '후발해'를 세웠고, 100년이 지난 1029년에도 '흥료국'을 세워 끈질기게 발해를 일으키려 애썼습니다.

물론 발해 사람들의 꿈은 이루어지지 못했습니다. 다만 발해의 많은 유민들이 고려가 고구려를 계승한 나라라고 생각하고 고려로 귀순했습니다.

과학과 예술이 함께 만든 아름다운 걸작, 석굴암

석굴암은 자연적으로 생긴 석굴이 아닌, 인조 석굴입니다. 이 같은 인조 석굴은 세계적으로 유일하다고 해요. 직사각형의 전실을 지나 원형의 주실로 들어가면 본존불을 마주하게 됩니다. 원형 주실은 천장 또한 둥근 지붕 형태가 되도록 돌을 쌓아 올렸지요. 주실 중앙에 있는 본존불은 높이 약 2.72m의 거대한 불상입니다. 반쯤 열린 눈과 금방이라도 부드러운 음성이 흘러나올 것 같은 입술이 어우러져 얼굴이 온화해 보입니다. 이 뒤로는 본존불을 호위하는 십일면관음보살이 새겨져 있습니다. 석굴암은 건축, 수리학, 기하학 등의 과학 기술과 예술이 조화롭게 만난 아름다운 걸작으로 평가받고 있습니다. 유네스코가 지정한 세계 문화유산이지요.

▲ 석굴암 본존불

인간의 세계에서 부처님의 세계로
- 청운교와 백운교, 그리고 칠보교와 연화교

불국사 대웅전에 오르기 위해서는 2단으로 된 돌계단을 지나야 하는데, 이 중 아래쪽의 것을 백운교라고 해요. 이 다리는 6.3m이며 그 위의 다리가 청운교인데 5.4m이지요. 청운교·백운교라 이름지은 것은 이 다리의 모양이 마치 구름 위에 날개를 펼친 듯 아름답기 때문이에요. 그런데 무엇보다 이 다리의 계단은 33개로 되어 있다는 데 주목해야 해요. 33이란 숫자는 불교의 33천(三十三千, 중생의 욕심이 완전히 끊어지기 이전의 세상을 말함)을 상징하기 때문이에요. 그리하여 이 계단을 오르는 것은 곧 고통과 좌절의 인간 세상으로부터 희망으로 가득 찬 부처님의 세계로 가는 것이라 할 수 있지요. 그래서 한편으로 이 다리는 희망의 다리, 또는 기쁨과 축복의 다리로 해석되기도 합니다.

이 외에 연화교와 칠보교가 있는데 특히 칠보교는 일곱 가지의 보석을 간직한 다리임을 의미해요. 그 일곱 가지 보석은 금·은·유리·수정·산호·마노·호박이지요.

▲ 청운교와 백운교

▶ 연화교

백제의 사비성에는 꽤나 이름난 석공이 살고 있었는데, 그를 아사달이라 불렀어요. 아내 아사녀와 행복한 한때를 보내던 아사달은 어느 날, 신라로 떠나야 했습니다. 불국사에 모실 탑을 지어 달라는 부탁을 받았기 때문이지요. 어쩔 수 없이 아사녀는 혼자 남아야 했죠. 매일매일 "신령님, 부디 아사달님이 훌륭한 탑을 만들고 무사히 돌아올 수 있게 해 주십시오!"라는 기도를 올리면서 말이지요. 그렇게 시간이 흘러 3년이 훌쩍 지나가 버렸습니다. 그즈음 아사달이 만든 탑은 조금씩 그 모습을 드러내고 있었지요. 한편 기다림에 지친 아사녀는 아사달이 너무나 보고 싶어 한달음에 서라벌로 달려왔습니다. 하지만 탑이 완성될 때까지는 아사달을 만날 수가 없었습니다.

"부인! 탑이 완성될 때까지 기다리십시오. 만약 탑이 완성되면 그 그림자가 영지(불국사 앞에 있던 연못)에 비칠 것입니다."

그 말을 듣고 기다리는데, 마침내 어느 날, 아름다운 탑의 그림자가 물결에 비쳤습니다.

"아아! 세상에서 가장 아름다운 탑이로구나!"

감탄한 아사녀는 손을 뻗었습니다. 그러나 아뿔싸! 그 순간, 중심을 잃은 아사녀는 영지에 빠져 영영 돌아올 수 없는 길로 떠나 버렸습니다. 뒤늦게 소식을 듣고 달려온 아사달은 너무나 기가 막혀 눈물도 나지 않았지요.

"아아! 나로 인해 당신이 먼 길을 떠나야 했구료. 나도 당신의 뒤를 따라가리다!"

결국 아사달도 연못에 몸을 던졌습니다.

훗날, 사람들은 연못에 그림자가 비친 탑을 유영탑(다보탑)이라 불렀고, 그림자가 보이지 않았던 탑을 무영탑(석가탑)이라 불렀답니다.

◀ 다보탑

다보탑과 석가탑

불국사의 대웅전 앞에 동서로 나란히 위치한 다
보탑과 석가탑은 신라 사람들의 염원과 이상
을 상징하지요. 다보탑을 흔히 섬세한 여성의
아름다움에 비유하고, 석가탑은 간결하면서 힘
이 넘치는 남성적 모습에 비유한답니다. 그리고 세계적
으로 지금 남아 있는 것 가운데 가장 오래된 목판 인쇄
물인 『무구정광대다라니경』(751년 경 간행)이 바로 석
가탑에서 발견되었답니다.

석가탑

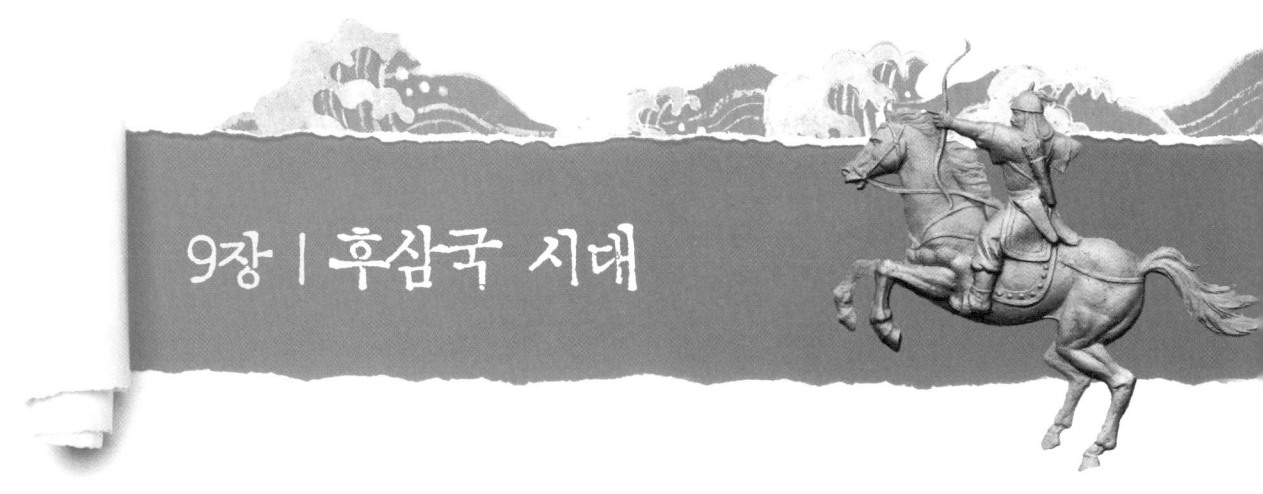

9장 | 후삼국 시대

흔들리는 신라와 호족의 등장

장보고의 죽음 이후, 신라의 왕실은 한동안 잠잠했습니다. 특히 경문왕 48대은 반란을 잠재우고 왕권을 안정시킨 뒤, 왕위를 두 아들과 딸에게 차례로 물려받게 함으로써 겉으로는 태평성대를 이어 가는 듯했습니다.

하지만 신라는 이미 그 속이 곪을 대로 곪아 있었습니다.

우선 골품제라는 독특한 신분 제도 때문에 6두품 이하의 신분을 가진 사람들의 불만이 점점 커졌습니다. 이들은 아무리 노력을 하고 실력이 뛰어나도 골품 제도에 막혀 출세하기가 어려웠지요. 높은 벼슬자리는 오로지 진골 귀족만이 차지했기 때문이에요. 심지어 최치원과 같은 인재조차도 조정에 나가 능력을 발휘하지 못했습니다. 그가 한 일이라고는 고작 외교문서나 만드는 일이었습니다. 이런 탓에 6두품 출신 중에는 신라에 등을 돌리는 사람들이 많았습니다.

경문왕의 아들딸은 모두 왕이 되었나요?
경문왕의 두 아들과 딸은 연이어 모두 왕위에 올랐어요. 첫째 아들은 헌강왕, 둘째 아들은 정강왕, 셋째 딸은 진성 여왕이었지요. 그동안 왕권 다툼은 일어나지 않았습니다.

더 큰 문제는 백성들이었습니다. 귀족들은 제 앞가림에만 급급하여 백성들을 돌보기는커녕 사치스러운 생활을 유지하기 위해 세금을 독촉해 댔습니다. 이로 인해 왕실에 대한 백성들의 반감은 더 커져만 갔습니다.

"우리는 쌀 한 톨이 없어서 굶어 죽어 가는데, 귀족이란 놈들은 오로지 세금만 내놓으라고 하니 어찌 살겠는가!"

마침내 견디다 못한 많은 백성들이 도적의 무리가 되어 반란을 일으켰어요. 특히 사벌주경북 상주에서 일어난 원종과 애노의 반란, 적고적붉은 바지를 입은 도적이라는 뜻의 반란은 도읍 왕경을 위협할 만큼 그 기세가 대단했습니다.

그런데다 지방의 실력자들 역시 독자적인 실력을 키워 나가고 있었습니다. 이들은 때때로 중앙의 명령을 무시하고 독자적으로 행동하며, 스스로를 성주라 칭했지요. 또한 도적들까지 받아들여 군사를 키우더니 실질적인 지배권을 행사했습니다. 이들을 '호족'이라 불렀는데, 기훤경기도 안성, 양길강원도 원주, 이재대구, 이총언경북 성주 등이 이즈음에 활동했던 호족들이었습니다.

이들은 적어도 그 지역에서는 실질적인 지배자였습니다. 세금을 따로 걷는 호족도 있었으니까요.

최치원은 어떤 사람이에요?
최치원은 어린 나이에 당나라로 유학을 떠나 빈공과(당나라에서 외국인을 대상으로 하는 과거시험)에 합격하고 벼슬을 받았어요. 황소가 농민의 난을 일으켰을 때에는 빼어난 글솜씨로 「토황소격문」이라는 글을 써서 황소의 난을 진압하는 데 큰 공을 세우기도 했지요. 17년 동안 당나라에 머물던 그는 29세 때 큰 포부를 안고 신라에 돌아왔습니다. 당나라에서 배우고 닦은 바를 조국의 현실에 대입해 보고 싶었지요. 그러나 신분의 한계 때문에 중요한 나랏일에는 참여할 수가 없었습니다. 최치원은 이런 신라의 사정을 안타까워하며 벼슬자리를 버리고 산속에 들어가 살았답니다.

하지만 이들은 나라를 이룰 만큼 큰 세력을 갖지는 못했습니다. 시간이 지나면서 호족들은 더 큰 세력들에 의해 흡수되거나 통합되었고, 그리하여 마침내 견훤과 궁예의 등장으로 신라는 삼국으로 다시 분열되고 말았지요.

후삼국의 성립

전국 각지에서 농민들이 반란을 일으키는 등, 신라가 혼란을 거듭하자 서남 해안을 지키던 장수 견훤이 전라도 지역을 돌아다니며 무리를 모으기 시작했습니다.

"농민들도 잘사는 세상을 만들어 봅시다!"

그렇지 않아도 신라에 불만이 많았던 농민들은 너나없이 견훤 밑으로 모여들었습니다. 그 수가 불과 한 달 만에 5000에 이르렀지요.

견훤은 그 기세를 몰아 892년 무진주_{광주}에 이르러 스스로를 '신라 서남부 도통'이라 칭하며 조심스럽게 왕 노릇을 하기 시작했습니다. 그러고는 마침내 900년, 완산주_{전주}를 도읍으로 정하고 나라를 세웠습니다.

"그 옛날, 백제 의자왕의 원수를 갚겠노라!"

견훤은 나라 이름을 백제라 짓고, 스스로 '백제왕'이라 불렀습니다. 완산주가 옛 백제 땅이었기 때문이었지요. 또한 신라에 대해 반감을 가진 사람들을 끌어모으기에도 좋을 것이라는 생각이었어요.

견훤은 곧 관청을 설치하고 관리를 임명했어요. 당나라의 과거에 합격한 최승우를 비롯해 6두품이라서 높은 벼슬에 오르지 못한 신라의 인재들을 적극적으로 받아들였습니다. 이어 군사를

견훤은 어떤 사람이에요?
견훤은 경북 상주의 호족이었던 아자개의 맏아들로 태어났어요. 전설에 따르면 어릴 때 호랑이가 견훤에게 젖을 물렸다고 하는데, 그만큼 견훤은 기골이 장대하고, 힘이 장사였다고 해요. 20세 무렵에 군사로 뽑혔는데 많은 공을 세워 일찍 장수가 되었지요.

이끌고 충청도와 전라도를 오가며 영토를 넓힌 끝에 결국 옛 백제 영토 대부분을 차지할 수 있었습니다. 중국 몇몇 나라에 사신을 보내 외교 관계를 맺는 등, 국가다운 면모를 갖추어 나가기 시작했습니다.

궁예는 어쩌다 신라에 반기를 들었나요?
전설에 따르면 궁예는 왕자로 태어났으나, 장차 나라에 이롭지 못할 것이라는 점쟁이의 예언으로 버려졌다고 해요. 애꾸가 된 것은, 절벽에서 떨어지는 아기(궁예)를 시녀가 받다가 눈을 찔렀기 때문이랍니다. 훗날 이 사실을 알게 된 궁예는 신라에 아주 강한 적개심을 드러내며, 신라를 멸도(멸망할 나라)라 부르고 저주했지요.

한편, 견훤이 서남쪽에서 무리를 모으고 있을 때, 북쪽에서는 왕족 출신이라고 알려진 궁예가 이름을 떨치고 있었습니다. 세달사의 승려로 있다가 북원의 호족 양길의 수하가 된 궁예는 영월 평창 지역을 비롯해 강원도 일대를 순식간에 손에 넣고, 이어 명주, 철원까지 휩쓸었습니다.

그러자 스스로 수하가 되겠다고 찾아오는 이도 많았습니다. 처음부터 궁예는 부하들에게 아주 관대했고, 어려움도 함께 나누려는 등, 인자한 모습을 많이 보여 주었기 때문이었어요.

송악 개성을 근거지로 중국을 오가며 무역으로 일가를 이룬 왕륭이 아들 왕건을 데리고 궁예를 찾아온 것도 이와 무관하지 않았습니다. 896년

"주군께서 이 땅의 왕이 되고자 하신다면, 먼저 나의 아들을 송악의 성주로 삼으시옵소서. 큰 보탬이 될 것입니다."

왕륭의 정중한 부탁에 궁예는 왕건을 송악 성주로 임명하고 크게 환대했습니다.

궁예의 바람대로 왕건은 용맹하고 지혜로워서 경기도 일대와 충청도 일대에 진출하여 큰 공을 세웠고, 이를 토대로 궁예는 마침내 나라를 열 수 있었습니다.

"신라가 당나라의 힘을 빌려 고구려를 멸망시킨 뒤에, 평양성에는 잡풀만 무성히 자랐구나. 내가 반드시 고구려의 원수를 갚겠노라!"

901년, 궁예는 나라 이름을 후고구려라 지었습니다. 이어 나라 이름을 '마진', '태봉'으로 바꾸며 한반도의 북쪽을 차지했습니다.

마침내 신라는 서라벌 일대의 땅만 가까스로 유지하게 되었고, 후백제와 후고구려의 눈치만 살피는 처지가 되고 말았습니다.

고려의 등장과 후삼국의 통일

고려의 건국 궁예의 밑에서 장수가 된 왕건은, 뛰어난 전략으로 경기도와 충청도 일대를 휩쓸고, 이어 수군까지 동원해 후백제의 안방이나 다름없는 금성_{나주}까지 차지했습니다. 903년 이즈음, 왕건의 명성은 나라 안팎까지 퍼져 나갔고, 병사와 백성 들을 아끼고 온화한 성품이 알려지면서 그를 존경하는 무리들이 많아졌습니다.

궁예도 이런 왕건의 활약을 높이 사서 그를 시중_{지금의 국무총리 격인 벼슬}의 자리에 앉히고 곁에 두었습니다.

한편 궁예는 점점 오만해지기 시작했습니다. 스스로를 '미륵'
이라고 칭하며 백성들이 자신을 신성한 존재로 떠받들도록 강
요했습니다. 금으로 장식이 된 건_{일종의 모자}을 쓰고 스님들이 입
는 방포를 걸치고 다녔습니다. 바깥으로 나들이를 나갈 때는 흰
말을 탔고, 어린 남녀 아이들 수백 명을 길잡이로 내세우고 비
단으로 말의 갈기와 꼬리를 장식했지요. 제멋대로 불경을 지어

그것으로 신하들을 가르치기도 했습니다.

뿐만 아니라 다른 사람의 마음을 읽을 줄 아는 능력이 있다고 허세를 부렸습니다. 그러더니 왕비가 부정한 짓을 저질렀다며 몰아세우고, 이를 말리는 왕자까지 처형했지요.

나중에는 왕건을 의심하여 궁궐로 그를 불러 물었습니다.

"내가 그대의 속마음을 읽어 보니, 그대가 반란을 일으키려고 모의를 하지 않았소?"

조금도 그런 마음을 가지고 있지 않던 왕건은 아니라고 말하고 싶었지만, 일단 죽을죄를 지었노라고 말한 뒤, 위기를 모면했습니다.

그로부터 얼마 후, 왕건을 따르던 장수 복지겸, 신숭겸, 홍유, 배현경이 한밤중에 왕건의 집을 찾아와 머리를 조아렸습니다.

"백성들을 위해 포악한 임금을 몰아내고 우리를 이끌어 주십시오."

그 말에 왕건은 거듭 사양했지만, 부인이 갑옷을 입혀 주며 나서자 마침내 결단을 내렸습니다.

왕건은 미리 대기하고 있던 1만의 군사와 백성 들을 이끌고 궁궐로 쳐들어갔습니다. 뒤늦게 이 소식을 들은 궁예는 평민의 옷을 입고 궁궐을 빠져나갔다가 백성들에게 들켜 죽임을 당하고 말았지요.

이로써 왕건은 새 나라 이름을 고려라 정하고, 연호를 천수라

한 뒤, 마침내 새 왕위에 올랐습니다.918년 굳이 나라 이름을 고려라 한 것은, 고구려의 후손임을 자처했기 때문이었죠. 즉 왕건은, 옛 고구려의 영토를 되찾아 그에 못지않은 큰 나라를 만들려는 꿈을 가지고 있었던 것입니다.

왕건과 견훤의 치열한 싸움  고려가 건국됐을 때만 해도 견훤은 왕건에게 축하 사절을 보냄으로써, 한동안 두 나라는 우호 관계를 지속했습니다. 자잘한 싸움이 있었지만, 왕건이 견훤을 상보아버지처럼 예의를 갖추어 대하는 사람라 부르고, 또한 서로 인질을 교환하면서 싸움을 피했습니다.

하지만 고려에 와 있던 후백제의 인질견훤의 조카 진호이 갑작스럽게 죽음으로써 전쟁의 기운이 감돌았지요.

"왕건이 내 조카를 죽인 게 틀림없다. 고려의 인질왕건의 사촌동생 왕신을 죽이고 전쟁 준비를 하라!"

신하들에게 명령을 내린 견훤은 국경의 여러 성을 공격했습니다. 하지만 만만치 않았지요. 고려도 백제군의 공격을 대비하여 철저하게 준비하고 있었으니까요.

이때, 견훤은 꾀를 냈습니다. 신라

▲ 개성 왕씨 족보에 실린 왕건의 초상화예요.

를 공격하기로 한 것입니다. 그동안 신라가 후백제를 멀리하고 고려에 협조하고 있었기 때문이었습니다.

927년, 견훤은 직접 군사를 이끌고 서라벌로 향했습니다.

신라의 경애왕 55대은 서둘러 고려에 지원을 요청했지만, 후백제군이 한발 빨랐습니다. 견훤은 군사를 이끌고 신라의 도성으로 들어가 마침 포석정에 나와 놀이를 즐기고 있던 경애왕을 사로잡았습니다. 그리고 스스로 목숨을 끊게 했습니다. 그런 뒤, 경애왕의 친척인 김부 56대 경순왕를 왕위에 앉히고 서라벌에서 후퇴했습니다.

▲ 포석정. 이곳에서 경애왕은 견훤이 코앞까지 쳐들어 온 것도 모르고 '유상곡수연'이라는 놀이를 즐겼다고 해요. '유상곡수연'이란, 수로를 굴곡지게 하여 물을 흐르게 한 다음, 그 위에 술잔을 띄우고, 그 술잔이 자기 앞에 올 때까지 시를 한 수 읊는 놀이를 말하는 것이지요. 이러한 목적으로 만든 도랑을 '곡수거(曲水渠)'라 하죠. 곡수거는 가장 긴 세로축이 약 10.3m이며, 가로축이 약 5m 정도 됩니다. 깊이는 50cm쯤이에요.

▲ 신숭겸 장군의 활약을 표현한 부조예요.

이어 견훤은 신라를 구원하기 위해 왕건이 5000의 기병을 이끌고 출병한다는 소식을 듣고 고려군을 공산^{대구 팔공산}에서 포위했습니다.

"이번에야말로 왕건의 목을 벨 것이다!"

후백제군은 포위망을 좁히며 고려군을 공격했습니다. 왕건의 목숨도 일촉즉발의 상황이었지요. 바로 이때, 신숭겸이 나섰습니다. 자신이 왕건의 옷으로 갈아입고 후백제군을 유인했던 것이에요. 그런 덕분에 왕건은 목숨만 겨우 건져서 개경으로 돌아갈 수 있었습니다. 하지만 이 싸움에서 왕건은 자신이 아끼던 신숭겸과 김락 같은 훌륭한 장수를 잃어야 했습니다.

고려가 다시 전세를 역전시킨 것은 고창 전투에서였습니다. 이때는 고려군의 전력이 우세하여 견훤은 무려 8000의 군사를 잃고 후퇴해야 했습니다. 더구나 이 소식이 퍼지면서, 주변 30 여 개 성의 호족들이 고려에 투항했습니다.

일진일퇴의 공방전은 끝나지 않을 것처럼 보였습니다.

견훤과 경애왕의 귀순, 그리고 후삼국의 통일 🌸 왕건에게 후삼 국 통일의 기회를 준 것은, 뜻밖에도 견훤이었습니다.

그렇지 않아도 고려의 기세에 눌려 있던 후백제의 왕실에 다 툼이 일어났습니다. 견훤이 넷째 왕자 금강에게 왕위를 물려주 려 하자, 첫째 왕자 신검이 두 동생 양검과 용검을 이끌고 반란 을 일으켰던 것이지요.

이때가 935년이었습니다.

이미 70세를 바라보는 노인이 된 견훤은 그때까지도 왕위를 이을 태자를 정해 놓지 못하고 있었지요. 물론 내심 넷째 아들 금강에게 왕위를 물려주고 싶었지만 신하와 다른 왕자 들의 반 발이 심했습니다.

견훤은 우선 둘째와 셋째 아들을 지방의 책임관으로 물러나 앉게 하고, 금강을 태자에 책봉했습니다. 그러나 첫째 아들 신검 이 반기를 들었어요.

"왕께서는 나라의 법도를 어기고 넷째 아들을 태자로 임명하셨 다. 내가 이 일을 바로잡을 것이니 신하들은 나를 따르라!"

신검은 두 동생에게 군대를 이끌고 도성을 포위하도록 한 뒤,

▲ 금산사

자신을 따르는 무리를 이끌고 궁궐을 점령했습니다. 먼저 금강 왕자와 그를 따르던 신하들을 죽이고 아버지 견훤은 금산사에 가두었습니다. 견훤은 분을 삭이며 3개월이나 금산사에 갇혀 있어야 했습니다.

그리고 가까스로 탈출하여 고려로 귀순했습니다. 그는 왕건에게 나아가 말했어요.

"아들을 잘못 둔 죄로 갈 곳 없는 신세가 되었소. 나를 받아 준다면, 뒷날 못난 아들을 꾸짖을 때 힘이 되겠소."

왕건은 비록 한때는 서로의 목숨을 노리며 치열하게 싸움을 벌이던 사이였지만 견훤을 극진하게 맞았습니다.

"상보, 잘 오셨습니다. 편히 여생을 보낼 수 있도록 하여 드리겠습니다."

상보는 아버지와 같다는 뜻의 말이었습니다. 견훤이 왕건보다 열 살이 많았기 때문에 어른의 대접을 한 것이었지요. 왕건은 견훤에게 작은 궁궐을 내주고 저택으로 삼게 했습니다. 또한 양주 서울과 경기도 일부 땅을 내주었습니다.

이 소식은 금방 신라에 전해졌고 경순왕은 동요했습니다. 경순왕은 신하들에게 의견을 구했습니다.

"백제의 견훤마저 고려에 귀순하였다고 아니, 신라의 앞날이 어찌 될지 걱정이오. 짐은 더 이상 나라를 이끌어 갈 지혜가 부족하오. 어찌해야 옳겠소?"

신하들 역시 같은 생각이었기에 고려에 항복하는 게 맞다는 생각을 전했습니다. 태자 마의 태자만이 끝끝내 반대를 했지요.

"무슨 말씀이시오? 우리 신라는 천년을 이어 왔소. 그런데 맞서 보지도 않고 나라를 통째로 고려에 내준단 말이오? 나라의 운명은 하늘에 달린 것이니, 만약 왕건이 우리 신라를 빼앗으려 한다면 마지막 한 사람까지 싸우다 죽는 것이 선왕에 대한 예의가 아니겠소?"

그러나 신하들의 마음은 이미 정해져 있었습니다.

"태자님의 말씀은 물론 도리에 맞는 것이긴 하나, 지금 우리가 고려에 대항하는 것은 매우 어리석은 짓입니다. 가여운 백성

▼ 임해전.
신라의 마지막 어전회의가 열렸던 곳이에요.

그럼 마의 태자는 어떻게 됐나요?

신라의 마지막 태자인 마의 태자는 신라의 멸망에 비통한 마음을 견디지 못하고 금강산으로 들어가 평생 베옷을 입고 지냈다고 해요. 옥천사 용암사 마애불(사진)은 마의 태자가 금강산으로 가는 길에 조성했다는 전설이 전해지고 있어요.

들만 피를 흘리게 될 것입니다."

결국 경순왕은 신하를 왕건에게 보내 항복의 뜻을 전했습니다. 그리고 개경으로 가서 왕건에게 머리를 조아렸습니다. 왕건은 경순왕에게 서라벌 땅을 식읍으로 내주고 자신의 딸과 혼인하게 했습니다. 이로써 천년을 이어져 내려오던 신라도 문을 닫았습니다.

남은 것은 후백제뿐이었습니다.935년

▲ 옥천사 용암사 마애불

936년, 마침내 왕건은 9만에 이르는 군사를 이끌고 후백제를 향해 출병했습니다. 선봉에 견훤이 서 있었지요. 그런 탓에 고려군이 일리천경북 구미에 이르자 싸움을 하기도 전에 백제 장수 4명이 항복해 왔습니다.

싸움도 싱거웠습니다. 처음에는 조금 버틴다 싶던 백제군은 순식간에 무너졌고, 신검은 달아나 버렸습니다. 하지만 고려군의 추격이 계속되자 신검은 동생들과 신하들을 데리고 항복해 왔습니다.

40년간 계속되었던 후삼국의 혼란도 그렇게 하여 막을 내렸습니다.

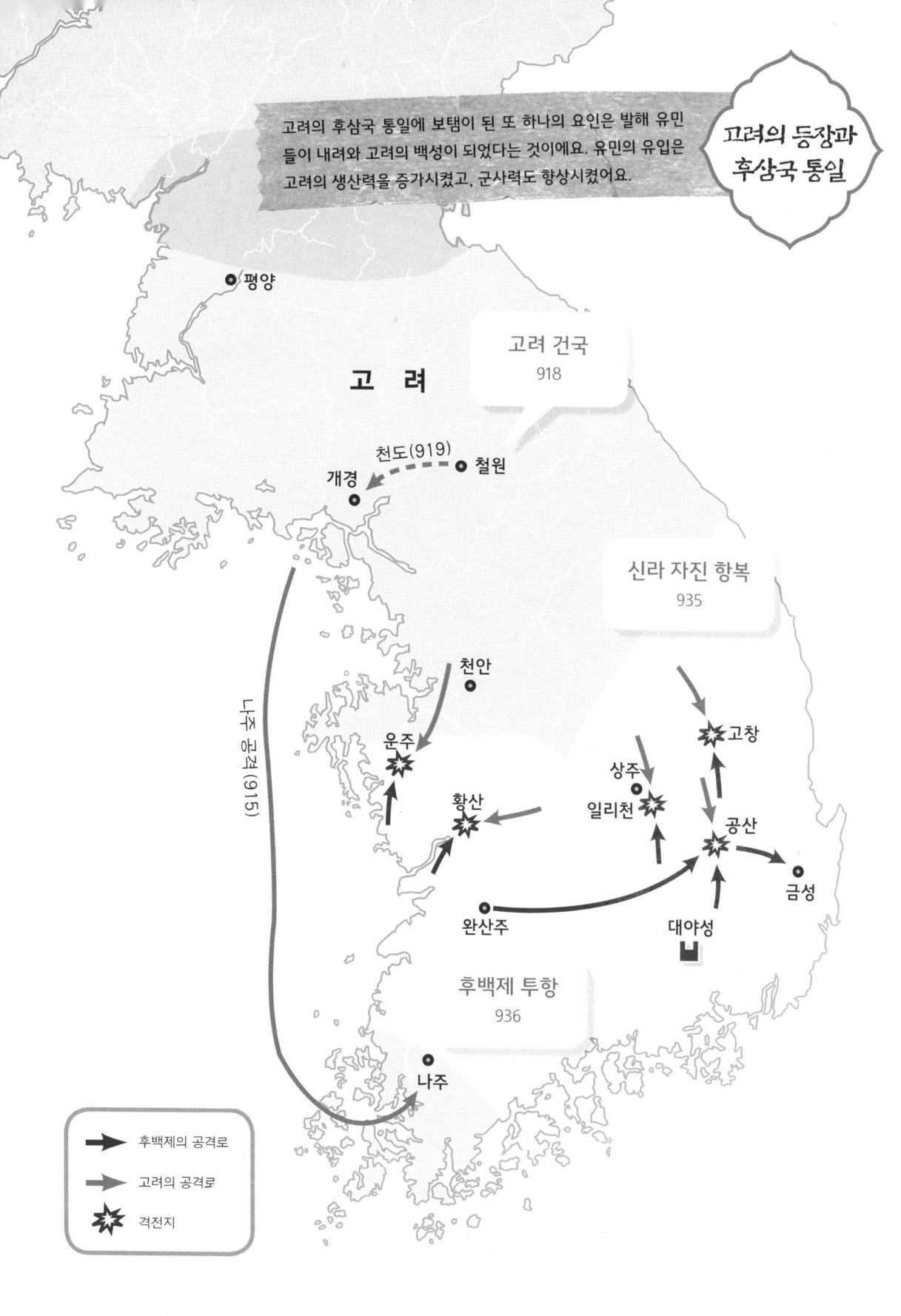

고려의 후삼국 통일에 보탬이 된 또 하나의 요인은 발해 유민들이 내려와 고려의 백성이 되었다는 것이에요. 유민의 유입은 고려의 생산력을 증가시켰고, 군사력도 향상시켰어요.

고려의 등장과 후삼국 통일

평양

고 려

고려 건국
918

천도(919) 철원
개경

신라 자진 항복
935

천안

운주

황산

상주
일리천

고창

공산

금성

완산주

대야성

나주 공격 (915)

후백제 투항
936

나주

후백제의 공격로

고려의 공격로

격전지

동화로 읽는 우리 역사
왕건 이야기

신라 말, 벽란도와 중국 땅을 오가며 큰 재산을 모은 왕륭이라는 사람이 있었습니다. 그는 개성에서 가장 큰 호족이었습니다. 그 일대에서 힘이 막강하였던 터라 백성들은 신라 왕의 말보다 왕륭의 말을 더 믿고 따를 정도였습니다.

어느 날, 왕륭은 살던 집이 비좁아 송악산 아래에 새 집을 짓고 있었습니다. 그런데 마침 스님 한 분이 그 부근을 지나다가 혼잣말로 중얼거렸습니다.

"허, 기장을 심을 곳에 어찌 삼을 심었을까?"

이를 테면 더 귀하고 좋은 것을 심어도 될 땅에 보잘것없는 것을 심고 있다는 뜻이었습니다. 그 말을 들은 왕륭의 아내는 즉시 남편에게 달려가 스님이 한 말을 전했습니다. 그러자 왕륭은 얼른 스님에게 달려와 물었습니다.

"스님은 뉘시온데 그런 말씀을 하시옵니까? 올바른 뜻을 알려 주소서."

"나는 도선 대사라고 하오. 내가 일러 주는 대로 집을 짓는다면 머지 않아 삼한(한반도 땅을 일컬음)을 호령할 아이를 얻게 될 것이오. 만약 아이가 태어난다면 이름을 왕건이라 지으시오."

왕륭은 적잖이 놀랐습니다. 도선 대사의 이름은 여러 번 들어본 일이 있었습니다. 그는 풍수지리에 이름이 높았고, 앞날을 예언하는 능력을 가진 스님이었습니다.

도선 대사는 이어 붓을 집어 들어 짤막한 글귀 한 구절을 써 주었습니다.

이 글에 100번 절하노니, 미래에 삼한을 통일할 군주를 그대에게 바치오.

글을 써 준 도선 대사는 이내 홀연히 사라졌습니다.

벽란도가 어디예요?
개성에서 가까운 예성강 하류의 포구로 통일신라 시대 말과 고려 초에 활발한 무역항이었습니다

왕륭은 도선 대사가 써 준 대로 그 글을 받아 100번을 절한 뒤에 그가 시킨 대로
집을 지었습니다.
이듬해, 과연 도선 대사의 예언대로 왕륭의 아내는 아기를 낳았습니다. 부인이 아
기를 낳던 날은 하늘에 푸른빛이 감돌며 천둥 번개가 울렸습니다. 아기의 울음소리
가 어찌나 크던지 온 마을이 떠나갈 듯했습니다. 왕륭은 아이의 이름을 왕건이라
지었습니다. 877년 정월의 일이었습니다.

왕건릉(개성)

3000년경
이집트 문명 시작

2500년경
황허 문명과
인더스 문명 시작

1000년경
주나라 건국

753년
로마 건국

600년경
석가 탄생

551년경
공자 탄생

525년
페르시아, 오리엔트 통일

기원전 100만년	기원전 5000년	기원전 1000년

70만년경
구석기 문화 시작

8000년경
신석기 문화 시작

2000년경
청동기 문화 보급

2333년

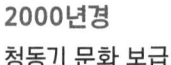
35쪽을 보세요

492년
페르시아 전쟁

91년
사마천 『사기』 저술

431년
펠로폰네소스 전쟁

4년
그리스도 탄생

334년
알렉산드로스 대왕 동방 원정

221년
진나라, 중국 통일

202년
한나라 건국

기원전 500년

기원전 100년

400년경
철기 문화 보급

100년경
부여가 나라의 모습을 갖추어 감

194년
위만, 고조선의 왕이 됨

57년
박혁거세, 신라 건국

108년
고조선 멸망

37년

56쪽을 보세요

18년
온조, 백제 건국

정답은 182쪽에서 확인하시게나!

313년
로마, 크리스트교 공인

316년
중국, 5호 16국 시대

375년
게르만 민족 대이동

395년
로마 제국, 동서 분열

105년
채륜, 제지법 발명

220년
후한 멸망, 삼국 시대 시작

100년

200년

300년

194년
고구려 진대법 실시

260년
백제, 16관등과 공복 제정

313년
고구려, 낙랑군 멸망시킴

371년
68~69쪽을 보세요

372년
고구려에 불교 전래

384년
백제에 불교 전래

396년
광개토 대왕의 백제 공격,
아신왕 항복

439년
중국, 남북조 성립

476년
서로마 제국 멸망

486년
프랑크 왕국 건국

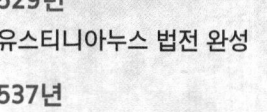

529년
유스티니아누스 법전 완성

537년
콘스탄티노플의 성 소피아 성당 건립

589년
수나라, 중국 통일

400년

500년

400년
신라의 요청으로 고구려군 4만 명이 왜구를 격퇴

405년
백제, 일본에 한학을 전함

427년
고구려, 평양으로 도읍 옮김

433년
나·제 동맹

475년
고구려 장수왕의 공격, 백제 개로왕 전사

503년
신라, 국호와 왕호 정함

512년
이사부, 울릉도를 신라에 복속시키다

520년
신라, 율령 반포

527년
신라, 불교 공인

536년
신라 연호 사용

538년

74쪽을 보세요

552년
백제, 일본에 불교 전함

610년
무함마드, 이슬람교 창시

618년
당나라 건국

638년
이슬람, 예루살렘 정복

651년
사산 왕조, 이슬람에 멸망

710년
일본, 나라로 도읍을 옮김

712년
당나라, 현종 즉위

750년
아랍 제국, 압바스 왕조 창건

771년
카롤루스 대제, 프랑크 왕국 통일

600년

700년

612년
살수 대첩

645년
고구려, 안시성 싸움에서 승리

660년
백제, 황산벌 전투 끝에 멸망

668년
고구려 멸망

676년
131쪽을 보세요

685년
9주 5소경 설치

698년
발해 건국

727년
혜초 스님, 『왕오천축국전』 저술

751년
불국사와 석굴암 창건 시작

771년
성덕 대왕 신종 주조

788년
독서삼품과 설치

790년
신라, 발해와 교류 시작

800년

900년

170쪽을 보세요

찾아보기

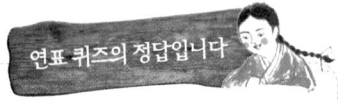

연표 퀴즈의 정답입니다

2333년 고조선 건국
37년   주몽, 고구려 건국
371년   백제 근초고왕 평양성 공격
538년   백제, 사비성으로 천도
676년   신라, 삼국 통일
936년   왕건, 후삼국 통일

참고한 책

『초등 사회』(5-1)(5-2), 교육과학기술부, 2011

『중학교 국사』, 교육과학기술부, 2011

『중학교 역사』(상)(하), 정재정 외, 지학사, 2011

『고등학교 한국사』, 주진오 외, 천재교육, 2011

『아, 그렇구나 우리역사』(1)~(8), 송호정 외, 여유당, 2002

『역사신문』(1)~(6), 역사신문편찬위원회, 사계절, 1997

『이야기 한국사』, 이야기한국사 편집위원회, 풀빛, 1997

『한국사 카페』(1)(2), 장용준, 북멘토, 2008

『한국사 이야기』(1)~(22), 이이화, 한길사, 1998

『한 권으로 읽는 조선왕조실록』, 박영규, 웅진지식하우스, 2004

『한 권으로 읽는 삼국왕조실록』, 임병주, 들녘, 1998

참고한 도판

『고려 시대를 가다』, 국립중앙박물관, 2009

『독립기념관 전시품 도록』, 독립기념관, 2002

『박물관 이야기』, 국립부여박물관, 1999

『발해를 찾아서』, 전쟁기념관, 1998

『신라인의 무덤』, 국립경주박물관, 1996

『아름다운 우리문화재-국립중앙박물관』, 국립중앙박물관, 2006

『육군박물관 도록』, 육군박물관, 2002